ANDRÉA

COMÉDIE

Représentée pour la première fois, à Paris, sur le théâtre du Gymnase,
le 17 mars 1873.

MICHEL LÉVY FRÈRES, ÉDITEURS

DU MÊME AUTEUR

LA PERLE NOIRE

ROMAN

Un volume grand in-18.

PARIS. — J. CLAYE, IMPRIMEUR, 7, RUE SAINT-BENOIT. [1198]

ANDRÉA

COMÉDIE EN QUATRE ACTES, SIX TABLEAUX

PAR

VICTORIEN SARDOU

M · L

PARIS

MICHEL LÉVY FRÈRES, ÉDITEURS

RUE AUBER, 3, PLACE DE L'OPÉRA

LIBRAIRIE NOUVELLE

BOULEVARD DES ITALIENS, 15, AU COIN DE LA RUE DE GRAMMONT

—

1875

PERSONNAGES.

LE COMTE STÉPHAN DE TŒPLITZ. . MM. ANDRIEU.

LE CONSEILLER INTIME BARON KAUL-
BEN, directeur de la police. . . . . LANDROL.

M. BIRSCHMANN, joaillier . . . . PRADEAU.

FRÉDÉRIC. . . . . ULRIC.

RABNUM, directeur de l'Opéra . . . . . . FRANCÈS.

BALTHAZAR . . . . NUMA.

LE DOCTEUR BAZILOS. . . . . DALBERT.

LE GÉNÉRAL CRACOVERO. . . . . . . MURRAY.

REVEL, reporter . . . . TENTING.

WIDMER, id. . . . . SPELIERS.

MABLOU, machiniste . . . .

SCHRANN, gardien. . . . . MEY.

KRAFT, huissier. . . . . BLONDEL.

UN COMMIS DE BIRSCHMANN. . . . . .

LAMBERT, coiffeur. . . . .

RODOLPHE, domestique de Stéphan . . .

FRANÇOIS,   id.   id . . . . .

ANDRÉA, femme de Stéphan. . . . . . . Mmes PIERSON.

STELLA, danseuse . . . . FROMENTIN.

THÈCLE . . . . ANGELO.

SYLVINE, femme de chambre de Stella . . BEDARD.

JOSEPHA, femme de chambre d'Andréa . . JULIETTE.

L'action est à Vienne (Autriche), de nos jours.

ANDRÉA

ACTE PREMIER

Un très-riche salon. — Au fond, porte de la salle à manger. — A gauche,
porte d'entrée. — A droite, appartement d'Andréa.

SCÈNE PREMIÈRE.

RODOLPHE, JOSEPHA.

Rodolphe en tenue de premier valet de chambre, poudré,
prépare le café sur la table du milieu.

JOSEPHA, entrant par la gauche, et avec une grande déférence,
s'adressant à Rodolphe.

Monsieur Rodolphe?

RODOLPHE.

Quoi?

JOSEPHA.

Il y a là un commis de monsieur Birschmann, le joaillier, avec une lettre pour monsieur le Comte.

RODOLPHE, avec importance.

Monsieur le Comte est encore à table!

JOSEPHA.

C'est ce que j'ai dit; mais il insiste. — C'est, dit-il, chose très-pressée!

RODOLPHE.

Qu'il entre.

JOSEPHA, sur le seuil de la porte.

Entrez, monsieur!

SCÈNE II.

LES MÊMES, LE COMMIS.

RODOLPHE, important.

C'est une lettre?...

LE COMMIS.

De monsieur Birschmann, mon patron!

RODOLPHE.

Pressée?...

LE COMMIS.

Oui; c'est pour une commande que l'on attend!...

RODOLPHE, prenant un plateau d'argent.

Donnez!... Je vais remettre à monsieur le Comte... moi-même!... (Le commis met la lettre sur le plateau. Rodolphe jette un coup d'œil dans la glace, redresse sa perruque et entre majestueusement dans la salle à manger, dont François ouvre devant lui la porte à deux battants. On entrevoit au fond la salle à manger, très-luxueuse; Stephan et ses convives à table. — Bouffées de rires et de voix. — La porte se referme.)

SCÈNE III.

LES MÊMES, moins RODOLPHE.

JOSEPHA, au commis.

Monsieur Birschmann... c'est ce beau magasin sur le Graben?...

LE COMMIS.

Oui, mademoiselle, aux armes nationales!... l'écusson d'Autriche!

JOSEPHA.

Mes compliments!... C'est le plus beau magasin de Vienne!... — Vous aviez hier en montre un petit collier de saphirs!... Il doit gagner un fier argent, votre patron?

LE COMMIS.

Plus qu'il ne veut!... Il ne peut pas y suffire et il finit par mécontenter les clients!... Ainsi, il paraît qu'il avait promis à monsieur le comte de Tœplitz, pour ce soir...

JOSEPHA, vivement.

Quoi donc?

LE COMMIS.

Ah! je ne sais pas!

JOSEPHA.

Ah! bien! — si c'est pour madame : elle s'habille pour sortir!... C'est moi qui vais essuyer la mauvaise humeur!...

LE COMMIS.

Si c'est une surprise!... elle ne sait peut-être pas!...

JOSEPHA.

C'est vrai! — Voici monsieur!... (La porte s'ouvre à deux battants.) Pas satisfait non plus, lui!...

SCÈNE IV.

Les Mêmes, STÉPHAN, RODOLPHE.

La porte s'ouvre et se referme au milieu des rires. — Les domestiques restent au fond.

STÉPHAN.

C'est vous, le commis?

LE COMMIS.

Oui, monsieur le Comte.

STÉPHAN, mécontent.

J'avais dit à monsieur Birschmann que je passerais chez lui!...

LE COMMIS.

C'est pour épargner à monsieur le Comte un déplacement inutile!

STÉPHAN.

Enfin ceci est fort désagréable et ne se renouvellera pas, je l'espère!...

LE COMMIS.

Monsieur Birschmann est désolé... monsieur!... Un ouvrier lui a manqué de parole, au dernier moment.

STÉPHAN, brusquement.

Ce ne sont pas là mes affaires. — On ne promet pas quand on n'est pas sûr de tenir!... Vous direz à monsieur Birschmann que si je n'ai pas cet objet avant une heure, il peut se dispenser de me l'envoyer... Je ne le recevrai plus!

LE COMMIS.

Croyez,... monsieur le Comte!...

STÉPHAN, l'interrompant,

C'est assez, monsieur!... je vous salue! — (A François.) Reconduisez monsieur! — (Le commis s'incline et sort reconduit par François. — A Josepha, en jetant au feu la lettre de Birschmann.)... Madame la Comtesse?...

JOSEPHA.

Madame la Comtesse est à sa toilette, monsieur.

STÉPHAN.

Bien!... (Il va pour remonter vers la salle à manger, la porte s'ouvre.)

SCÈNE V.

STÉPHAN, FRÉDÉRIC, BALTHAZAR, CRACOVERO.

Ils sortent de la salle à manger, très-gais, continuant une conversation commencée.

FRÉDÉRIC.

Comment? comment?... général?... Un éléphant?...

CRACOVERO.

Un éléphant!...

FRÉDÉRIC, railleur.

C'est admirable! — Écoute ça, beau-frère!

CRACOVERO.

... Bref! nous étions cernés et les cipayes n'étaient plus qu'à cent pas!... Tous nos artilleurs hors de combat!... Tout est fini, perdu; quand soudain, miss Betsy!...

FRÉDÉRIC ET BALTHAZAR.

Miss Betsy?...

CRACOVERO.

L'éléphant!... Miss Betsy, me voyant tomber, s'élance... saisit avec sa trompe l'étoupille, et tire! — Une effroyable décharge de mitraille crible les assaillants à bout portant!... Ils reculent en désordre!... Betsy bondit sur une autre pièce!...— même jeu!...— affreux dégât!... les cipayes épouvantés se débandent... les nôtres arrivent!... Je vole à leur tête!... et victorieux, un quart d'heure après, nous portons miss Betsy en triomphe!...

FRÉDÉRIC, étendu sur un divan, les regards au plafond.

A bras?

CRACOVERO.

Sur un canon!...

FRÉDÉRIC.

J'aimerais mieux à bras !...

STÉPHAN.

Ce diable de Cracovero,. toujours des histoires!... (Il remonte avec Cracovero pour lui donner des cigares qu'il tire d'un petit meuble.)

BALTHAZAR, voix traînante, un peu éreinté, et marchant comme une limace.

Un beau trait !... l'éléphant artilleur !... Pour faire pendant au lion d'Androclès ! (A Frédéric.) Pas vrai?...

FRÉDÉRIC, à demi-voix.

Tu crois tout ce qu'il nous raconte, toi?

BALTHAZAR.

Mais oui!

FRÉDÉRIC, tranquillement.

Moi non plus! (A Stéphan qui revient avec le général, et se levant pour prendre et allumer un cigare.) Mais le plus beau!... C'est la campagne du général au Texas!... et sa bataille contre une armée de crabes... Ça, c'est vraiment titanesque!... Combien de campagnes, général?

CRACOVERO.

Vingt-sept !...

FRÉDÉRIC.

Vous dites?

CRACOVERO.

Vingt-sept!... Dans tous les pays et dans toutes les armes.

FRÉDÉRIC.

Toutes les aptitudes!...

CRACOVERO.

... A toutes les latitudes : — Asie, 59, réformateur de l'artillerie du Bengale. — Afrique, 63, organisateur du corps des amazones du roi de Zanzibar. — Amérique Espagnole, 65-73, brigadier-major de la cavalerie Équatoriale!

STÉPHAN.

Et si jeune?...

BALTHAZAR, assis et étendu, la main sur les reins.

Comme moi!... Très-précoce, moi!...

FRÉDÉRIC.

Aussi, tu finis de bonne heure!

BALTHAZAR.

Je finis?... je commence!

FRÉDÉRIC ET STÉPHAN, riant.

Oh! Tatar!

BALTHAZAR.

J'ai l'air éteint, comme ça!... mais je concentre tout mon feu à l'intérieur... Le moment venu!... tout flambe!

FRÉDÉRIC, de même.

Ah! dis-le donc!

BALTHAZAR.

C'est du magnétisme, voilà tout!... Moi, le magnétisme!... avec les femmes, je ne connais que ça!

FRÉDÉRIC.

Ton secret, Tatar!... Au nom des dieux?...

BALTHAZAR.

C'est bien simple. — Je vois une femme dans un salon, n'est-ce pas?... Je n'ai l'air de rien!... je concentre!... et en passant à côté d'elle, tout à coup!... j'ouvre un œil, comme ça, tout rond!... *Bing!*... Elle reçoit une de ces secousses!... Je repasse! j'ouvre l'autre œil... *bing!*... seconde secousse. — A la troisième, c'est fini!... elle me suit comme un petit chien!...

STÉPHAN, riant.

J'essayerai ça!

BALTHAZAR.

Oh! ça demande une puissance magnétique de premier ordre!... Il m'est arrivé de faire sortir quelqu'un d'un salon, rien qu'en ouvrant sur lui les deux yeux à la fois... comme ça!

FRÉDÉRIC, riant.

J'admets ça, par exemple !

CRACOVERO.

Ceci me rappelle ma dernière campagne au Paraguay...

FRÉDÉRIC.

Oh! général! vous allez nous gâter l'éléphant... De grâce!... restons sur l'éléphant!... (A Stéphan.) Où donc est ma sœur?

CRACOVERO.

Oui, n'aurons-nous plus le plaisir de voir madame de Tœplitz, ce soir ?

STÉPHAN.

Andréa est à sa toilette.

FRÉDÉRIC.

Elle va à l'Opéra?

STÉPHAN.

Non! mais chez quelque amie, je pense...

BALTHAZAR, tirant sa montre.

Et nous?... nous n'y allons pas, à l'Opéra?

STÉPHAN.

Si fait, mais nous avons le temps; le ballet ne commence qu'à neuf heures.

CRACOVERO.

Stella ne nous quitte-t-elle pas?

STÉPHAN, vivement.

Nous quitter?

CRACOVERO.

Oui!... C'est ce soir clôture de la saison!

STÉPHAN, inquiet.

Sans doute!... Mais je n'ai pas entendu dire que Stella dût partir pour cela!... Son directeur n'y consentira pas!

BALTHAZAR.

Rabnum?

STÉPHAN.

Eh! oui, Rabnum, qui n'est pas Américain pour rien, qui l'a inventée... qui bat monnaie avec elle!...

FRÉDÉRIC.

Ah! le fait est que, pour un directeur qui connaît son métier!... celui-là!...

BALTHAZAR.

Moi!... je vais vous dire... Je suis au courant de tout... les femmes ne me cachent rien. — Je leur prends la main comme ça!... et je les fais parler. — Stella ne veut pas s'en aller, parce qu'elle aime quelqu'un!...

STÉPHAN.

Ah!

BALTHAZAR.

Et ce quelqu'un-là, c'est notre ami Stéphan!

STÉPHAN, vivement.

Elle t'a avoué?...

BALTHAZAR.

Moi!... vous comprenez, avec mes moyens... c'est idéal!...

FRÉDÉRIC, même attitude.

Il est bien convenu que, comme beau-frère, je n'entends rien!...

CRACOVERO, à Stéphan, un peu railleur.

Il faut dire aussi, mon cher, que vous assiégez la place depuis assez longtemps!...

STÉPHAN, de mauvaise humeur.

Voilà de mon grand vainqueur qui veut qu'elle capitule à première sommation!

1.

BALTHAZAR, debout.

Non! ça, c'est vrai!... Stéphan ne sait pas manier la femme!... (A Stéphan.) Le magnétisme, vois-tu, il n'y a que ça! — Tu t'assieds à côté de Stella, — une main, comme ceci, — entre les deux yeux!... L'autre comme ça, à la hauteur de l'estomac; et tu ne bouges plus!... Alors...

STÉPHAN.

Ça l'agace: elle me flanque un soufflet!...

BALTHAZAR.

Elle ne peut pas!

STÉPHAN.

Non, merci!...

BALTHAZAR.

Elle voudrait, elle ne peut pas!... fascinée!

FRÉDÉRIC, pris d'un violent accès d'hilarité.

Non! cette façon de séduire une femme en la faisant loucher!... Oh! maman!

BALTHAZAR, avec force.

Oui, elle louche!...

TOUS, triomphants de l'aveu.

Ah!

BALTHAZAR.

... Mais c'est de l'hypnotisme!... Plus elle louche, plus elle est domptée!...

TOUS TROIS, riant.

Ah! ah!

BALTHAZAR.

Oh! l'ignorance!... J'ai un sujet en ce moment!... une merveille!

CRACOVERO.

Qui ça?

BALTHAZAR.

Noémie! du corps de ballet!... A cette heure-ci, tenez!...
Qu'est-ce que vous croyez qu'elle fait?

FRÉDÉRIC.

Elle te trompe! (Rires.)

BALTHAZAR.

Elle dort!

TOUS TROIS, riant.

Bah!...

BALTHAZAR.

Je l'ai endormie à quatre heures, en la quittant!... Je
l'endors toujours avant de sortir!... par précaution...

FRÉDÉRIC, debout.

Oh! je demande à voir ça!

BALTHAZAR.

Allons voir!...

CRACOVERO.

Chez elle?...

BALTHAZAR.

Ou à l'Opéra!

FRÉDÉRIC.

Puisque tu l'as endormie chez elle!

BALTHAZAR.

Ah! oui, mais ça ne fait rien! — Elle va, elle vient,
tout endormie; ainsi à cette heure-ci, tiens, elle fait sa
figure et passe son maillot, tout endormie. — On lui parle...
elle n'entend rien!... — Moi, j'arrive : « Noémie!... » Elle
se réveille en sursaut pour me sauter au cou!... Jamais
avant!... C'est idéal!

CRACOVERO.

Du moment que ça ne l'empêche pas de trotter!

BALTHAZAR.

Elle trotte!... Mais elle n'a pas conscience : voilà tout!

FRÉDÉRIC.

Je tiens absolument à la voir mettre son maillot, sans conscience...

BALTHAZAR.

Allons-y ! (A Stéphan.) Viens-tu ?

STÉPHAN.

Non!... J'ai affaire !

CRACOVERO, à Stéphan.

Alors nous prenons votre voiture?

STÉPHAN.

Oui, mais renvoyez-la !

CRACOVERO, bourrant ses poches de cigares.

Et quelques cigares pour la soirée !... Vous avez votre loge, cher?

STÉPHAN.

Toujours!

CRACOVERO.

Nous nous reverrons ?

STÉPHAN.

Tout à l'heure !

BALTHAZAR.

Et tu sais!... sur l'épigastre!... Comme ça!... (Il fait le geste.)

STÉPHAN.

Oui! oui !

BALTHAZAR, manquant de tomber, par suite du geste trop vif qu'il a fait.

C'est foudroyant!...

FRÉDÉRIC, le rattrapant.

Oui, tonnerre!... mais ne tombe pas!...

BALTHAZAR ahuri et toussant.

Ce n'est rien!... (Étranglé.) C'est idéal! (Cracovero et Frédéric l'emmènent, et ils sortent tous trois.)

STÉPHAN, seul.

Quel idiot!... Voyons, huit heures et demie!... — Trop tôt pour l'Opéra... Il s'agirait de tuer le temps jusque-là!... Je vais aller fumer un cigare dehors!... Imbécile de Birschmann, va, qui me manque de parole!...

SCÈNE VI.

STÉPHAN, ANDRÉA.

ANDRÉA, sortant de chez elle en grande toilette.

Ah! vous êtes là!... Tant mieux!

STÉPHAN, se retournant.

Oh! oh! ma chère, quelle toilette!

ANDRÉA.

N'est-ce pas?

STÉPHAN, assis sur le canapé et fumant en la regardant.

Adorable!... Je comprends que vous y mettiez le temps!

ANDRÉA.

Oui, c'est assez neuf; et je crois que je ferai sensation, ce soir.

STÉPHAN.

Où ça, sans indiscrétion.

ANDRÉA.

Chez madame de Buhlau.

STÉPHAN.

Ah!... la conseillère?...

ANDRÉA.

Eh! oui! pour la répétition générale de notre charade!

STÉPHAN.

Ah! il y a une charade?

ANDRÉA.

Après-demain... D'où sortez-vous?

STÉPHAN.

Pardon, j'oubliais!... Alors, vous jouez?

ANDRÉA, s'asseyant près de lui.

Dans *mon premier, mon second et mon tout.*

STÉPHAN, prenant sa main qu'il baise.

Un premier rôle!...

ANDRÉA.

Tout simplement!... Et puisque vous voilà, Stéphan, vous allez me donner un bon conseil.

STÉPHAN, regardant à sa montre.

Voyons le conseil?

ANDRÉA.

Voici ce qu'on m'apporte à l'instant! (Elle tend la main et prend sur la table des feuilles de papier qu'elle a déposées en entrant.)

STÉPHAN.

Qu'est-ce que cela?

ANDRÉA.

Un projet de costume pour *mon tout!* — Mais attendez!... Avant de le voir, il faut que vous sachiez quel est le mot.

STÉPHAN.

Voyons le mot?

ANDRÉA.

Vous ne le direz pas? (L'embrassant.) Jure que tu ne le diras pas?...

STÉPHAN.

Parole!

ANDRÉA.

Tu comprends, il n'y a dans la confidence que madame de Morelle, Anaïs, Stéphanie, mademoiselle de Grédenoff, Estelle, sa mère et le chevalier Paoli...

STÉPHAN, riant.

Alors, voilà un secret bien gardé.

ANDRÉA.

Le mot, c'est *Agamemnon!*

STÉPHAN.

Ah! ah!

ANDRÉA.

Mon premier!... une scène orientale!... Tu conçois! Un *aga!*... L'*aga* des Janissaires!

STÉPHAN.

Je vois ça d'ici!

ANDRÉA.

Trois personnages : — L'*aga,* un peintre français et moi : une odalisque! (Elle cherche dans ses dessins.)

STÉPHAN.

Voyons l'odalisque!

ANDRÉA,

Un costume exquis... Il est essayé, et va comme un bijou!... C'est de l'Orient!... Mais tu sais... de l'Orient extraordinaire!...

STÉPHAN.

Pas de turban, j'espère?...

ANDRÉA, lui donnant le dessin.

Fi donc!... Une jolie toque, avec un chignon, un pantalon, le bas des jambes nu!

STÉPHAN.

Nu?

ANDRÉA, assise sur ses genoux.

Ah! oui! tu comprends!... la couleur! la couleur orientale!...

STÉPHAN.

Voilà pour *aga!* — Bien!

ANDRÉA.

Mon *second,* c'est à Paris!... Trois personnes : M. Roussel, vieux podagre; un autre Roussel, jeune officier, gentil, fringant!...

STÉPHAN.

Qui ça?

ANDRÉA.

Lucien, le frère d'Estelle.

STÉPHAN.

Bon; — et toi?

ANDRÉA.

Moi, une soubrette!

STÉPHAN.

Une soubrette?

ANDRÉA.

Oh! oui, mais une vraie : fine, fine, fine!... Un pied long comme ça!... une main blanche, une jolie robe moulant bien la taille, un petit col, des manches de linge. Tu sais... jolie à croquer!

STÉPHAN.

Je le crois!... Diable!... Et cette soubrette, donc?

ANDRÉA.

Apporte une lettre et se trompe.

STÉPHAN.

Ah !

ANDRÉA.

Saisis bien. — Il y a deux Roussel, le vieux, l'oncle; — le jeune, le neveu!

STÉPHAN.

Bon !...

ANDRÉA.

Or ma maîtresse, qui est une personne... frivole..., m'a chargée d'une lettre pour le jeune, avec qui elle est...

STÉPHAN.

Bien !...

ANDRÉA.

Mieux que bien !... Et dans cette lettre, elle lui dit : « *Ah çà ! quand est-ce que ton vieil imbécile d'oncle ?...* »

STÉPHAN.

Ah ! c'est une dame !...

ANDRÉA.

C'est une dame comme ça !... oui !... (Continuant.) « ... *Nous laissera son héritage ?...* »

STÉPHAN.

Ah ! ce n'est pas gentil !....

ANDRÉA.

Attends ! attends la moralité ?... Erreur à cause de la suscription : on donne à l'oncle la lettre du neveu...

STÉPHAN.

Catastrophe !

ANDRÉA.

Et une péripétie !...

STÉPHAN.

Oui ; mais je ne comprends pas du tout quel rapport ?

ANDRÉA.

Comment ! Deux Roussel !... *Le même nom !... Aga.. même... nom !...*

STÉPHAN.

Ah ! sapristi !... Pardon ! — *Même nom !* Parfait ! parfait !... L'orthographe n'y est pas, par exemple !...

ANDRÉA.

C'est plus drôle!

STÉPHAN.

En effet!... Alors, mon tout : c'est la prise de Troie?

ANDRÉA.

Oh! non! Il faudrait un cheval, nous avons préféré l'épisode de Briséïs.

STÉPHAN.

Briséïs... Diable... ça peut être leste!

ANDRÉA.

Ça l'est un peu!

STÉPHAN.

Pas trop, hein?

ANDRÉA.

Non!... Enfin, ça l'est!...

STÉPHAN.

Et Briséïs?

ANDRÉA.

C'est moi!...

STÉPHAN.

Toujours!... Et le costume?

ANDRÉA.

Voilà!

STÉPHAN.

Léger!...

ANDRÉA.

Ah! dame... la couleur antique!... n'est-ce pas?

STÉPHAN.

Oui, c'est toujours la même couleur!...

ANDRÉA.

Tu verras comme c'est joli!...

STÉPHAN, riant.

Mais les autres aussi le verront.

ANDRÉA.

Oh! de la jalousie?...

STÉPHAN.

Ah! ma foi non!... Si j'y pensais!...

ANDRÉA, le regardant.

Peut-être pas assez, même?

STÉPHAN, debout.

Fi!... C'est si ridicule!... Tu es jeune, belle!... tu te fais admirer !... Je trouve ça si naturel. (Mouvement pour prendre son chapeau.)

ANDRÉA, le retenant.

Enfin, pourtant, si Agamemnon?...

STÉPHAN.

Qui ça?...

ANDRÉA.

Le grand Bibenstein!...

STÉPHAN.

Cet imbécile?

ANDRÉA.

Enfin, si cet imbécile, jouant son rôle d'amoureux avec trop de conviction?...

STÉPHAN.

Tu t'y prêterais?...

ANDRÉA.

Quelle idée!...

STÉPHAN.

Eh bien, alors, pourquoi me mettrais-je martel en tête?... Tu m'aimes, n'est-ce pas?

ANDRÉA, avec élan, les deux bras autour de son cou.

Çà oui, par exemple!...

STÉPHAN, la pressant dans ses bras.

C'est gentil! — Tu l'as bien dit!

ANDRÉA.

Chéri!

STÉPHAN, la câlinant.

Je suis sûr de toi!... Tu es sûre de moi! Et j'irais me chagriner pour des chimères!... Je serais bien sot, conviens-en!

ANDRÉA.

C'est vrai!

STÉPHAN, la quittant pour prendre son chapeau, et le mettant sur la tête.

D'autant que c'est bien la jalousie qui empêche quelque chose!... Au contraire!... Tant de gens hâtent le dénoûment!...

ANDRÉA, vivement.

Mais ne dites pas ça!

STÉPHAN.

Hein?

ANDRÉA.

C'est que je suis un peu jalouse, moi!

STÉPHAN.

Toi?

ANDRÉA.

Quelquefois, oui!

STÉPHAN.

Quelle enfant!...

ANDRÉA.

Enfin, tu sors tous les soirs, comme cela, pour aller!... Où vas-tu?... Où?...

STÉPHAN.

Au cercle!... chez mes amis!...

ANDRÉA.

A l'Opéra?...

STÉPHAN.

Aussi !

ANDRÉA.

Quoi faire?

STÉPHAN, riant.

Belle question!... Ce qu'on y fait !

ANDRÉA.

Mais c'est qu'on y fait quelquefois des choses!...

STÉPHAN.

Enfant, va!... Ton Stéphan!

ANDRÉA.

Enfin, tu as beaucoup, beaucoup fait parler de toi, dans ce pays-là, avant notre mariage!...

STÉPHAN.

Raison de plus; j'en suis bien revenu, va!... Il n'y a pas comme les viveurs pour faire de bons maris!... Ils sont si las de toutes ces folies!

ANDRÉA.

Je sais bien, mais...

STÉPHAN, passant un bras autour de la taille d'Andréa.

Ah çà! mignonne... tu ne vas pas t'aviser de gâter par de vilains soupçons, notre vie si douce, si aimable, si bien comprise!... Trouve-moi un jeune ménage plus gentil que le nôtre ?

ANDRÉA, la tête sur son épaule,

Çà, il est gentil!

STÉPHAN.

Pas de gêne!... pas de querelles, liberté complète! jeunes,... pas d'enfants!... nulle entrave!... Qu'est-ce que tu veux de plus?

ANDRÉA, câlinant.

Presque rien !... Que tu sortes moins souvent!

STÉPHAN.

Alors, ce ne sera plus de la liberté !

ANDRÉA.

Ou alors, avec moi !

STÉPHAN.

Encore pis !... Ce sera la servitude !

ANDRÉA.

Enfin, il y a là un pli de roses ! — Nous en recauserons !

STÉPHAN.

A la bonne heure !... Embrasse-moi, tiens,... et à demain !

ANDRÉA.

Demain ?

STÉPHAN.

Dame, après minuit !

ANDRÉA, tendrement.

Ah ! bien !... comme cela !

STÉPHAN, lui baisant les mains et les poignets tendrement.

Et crois-moi, va ! voilà le vrai ménage !... — A tantôt !
(Il sort par le fond.)

ANDRÉA, seule, le suivant des yeux et secouant la tête.

Le vrai !... Je voudrais en être bien sûre !... (Josépha
introduit Thècle.)

SCÈNE VII.

ANDRÉA, THÈCLE.

THÈCLE.

Bonsoir, mignonne !

ANDRÉA.

Ah ! bonsoir, Baronne !...

THÈCLE.

N'est-ce pas votre mari qui sort ?

ANDRÉA.

Si !...

THÈCLE.

Oh! rappelez-le donc, de grâce!

ANDRÉA.

S'il n'est pas déjà trop loin!...

THÈCLE, l'arrêtant.

D'ailleurs, non!... Vous allez me dire cela, vous?... Est-ce que le général a dîné ici?

ANDRÉA.

Cracovero?

THÈCLE.

Oui!

ANDRÉA.

Oui... Pourquoi?

THÈCLE.

Oh! mon Dieu! pour rien... C'est qu'il doit venir à l'Opéra ce soir, dans ma loge... Au fait, vous êtes prête, venez-vous avec moi?

ANDRÉA.

Mais non! Vous savez que je répète ce soir?

THÈCLE.

Ah! c'est vrai!... Cette fameuse charade!... Je vous demande pardon! — Voulez-vous que je vous conduise?

ANDRÉA.

Nous avons le temps!... Asseyez-vous donc!

THÈCLE.

Ah! mais non; on m'attend!

ANDRÉA, malicieusement.

Le général?

THÈCLE.

Pourquoi souriez-vous en me disant cela, Andréa?

ANDRÉA.

C'est que... voyons! vous n'allez pas vous fâcher, ma chère?

THÈCLE, impatientée.

Mais non, je ne me fâche pas!... voyons; expliquons ce sourire!...

ANDRÉA.

Eh bien! je ne sais pas, moi... je souris... mon Dieu... un peu comme tout le monde.

THÈCLE, se récriant.

Comment!... tout le monde?

ANDRÉA.

Oh! vous vous fâchez!...

THÈCLE.

Voyons! voyons!... Andréa! vous êtes mon amie... Parlez maintenant, je le veux! je vous en prie! — On sourit donc en parlant de moi?...

ANDRÉA.

Un peu!

THÈCLE.

A propos de?...

ANDRÉA.

De lui, oui!

THÈCLE.

Du général?

ANDRÉA.

Eh! oui!

THÈCLE.

Ah! par exemple, et pourquoi?

ANDRÉA.

Remarquez bien, ma chère, que moi, je ne dis rien, je ne sais rien... je ne suppose même rien... si vous voulez!... Mais vous n'empêcherez pas que l'on ne remarque quelques petites choses...

THÈCLE.

Mais il n'y a rien!...

ANDRÉA.

Je le crois!... vous le dites!...

THÈCLE.

Avouez que le monde est bien ridicule!...

ANDRÉA.

Que voulez-vous?... Il s'ennuie! il bavarde!

THÈCLE.

Sur moi, c'est un peu fort!... Car qu'est-ce que ma conduite a d'extraordinaire?... Ce général, c'est chez vous que je l'ai connu!...

ANDRÉA.

C'est vrai!

THÈCLE.

... Je l'ai présenté à mon mari! — qui le reçoit, l'invite à dîner, qui ne peut plus se passer de lui! — Mais c'est très-naturel!... C'est dans l'ordre!... Ça ne se passe pas autrement dans le monde...

ANDRÉA, riant.

Mais oui!

THÈCLE.

Vous riez encore?

ANDRÉA.

Mais non, je ne ris pas!... Dieu! que vous êtes nerveuse ce soir!... Tenez, allons-nous-en, Baronne!

THÈCLE.

Non! non! je veux savoir avant!...

SCÈNE VIII.

LES MÊMES JOSEPHA.

ANDRÉA.

Qu'est-ce?

JOSEPHA.

Je demande pardon à madame... C'est monsieur Birschmann, le bijoutier, qui insiste pour parler à monsieur le
Comte!...

ANDRÉA.

Eh bien!... vous ne lui avez pas dit que monsieur est
sorti?

JOSEPHA.

Il espérait que madame voudrait bien lui faire savoir
où il pourrait voir monsieur à cette heure-ci!...

ANDRÉA.

Je n'en sais rien en vérité... qu'il revienne demain
matin!...

JOSEPHA.

Oh! ce n'est pas la même chose pour lui, madame, et il
va être bien désolé!...

ANDRÉA.

Pourquoi?

JOSEPHA.

Si j'étais sûre de n'être pas grondée, je dirais bien!

ANDRÉA.

Dites!...

JOSEPHA.

Je crois savoir qu'il s'agit d'une surprise que monsieur
le Comte voulait faire à madame, ce soir!...

ANDRÉA.

Ah!... Je vois,... je vois ce que c'est!...

THÈCLE.

A la bonne heure!... voilà un mari!...

JOSEPHA.

Monsieur Birschmann a manqué de parole, et il veut
sans doute s'excuser, car monsieur, tout à l'heure, était
très-irrité contre lui!

ANDRÉA.

Bien!... j'arrangerai cela!...

THÈCLE.

Oh! oui!... ne nous brouillons pas avec les bijoutiers!

ANDRÉA.

Dites à monsieur Birschmann d'entrer!

JOSEPHA.

Oh! il va être très-content! (Elle sort.)

ANDRÉA, à Thècle.

Que je ne vous retienne pas, ma chère amie...

THÈCLE.

Mais, si vous sortez!...

ANDRÉA.

Ma voiture est prête, et nous n'allons pas du même
côté!...

THÈCLE.

C'est vrai!... Alors!...

ANDRÉA.

A demain!... Et nous viderons cette petite affaire!

THÈCLE.

J'y tiens, ma toute belle; à demain!... (Elle sort.)

ANDRÉA.

Mes gants?... Ah! les voilà!...

JOSEPHA, faisant entrer Birschmann.

Entrez, monsieur!... (Josepha sort.)

SCÈNE IX.

ANDRÉA, BIRSCHMANN.

Birschmann dépose une petite valise sur un fauteuil et salue profondément.

ANDRÉA, souriant et mettant ses gants.

Eh bien, monsieur Birschmann; vous êtes fort ému, me dit-on?

BIRSCHMANN, très-affairé, s'essuyant le front.

Ah! je ne saurais assez exprimer à madame la Comtesse toute ma reconnaissance... pour l'accueil...

ANDRÉA, gaiement, de même.

Voyons! voyons! calmez-vous, monsieur Birschmann!... vous tenez donc bien à voir monsieur le Comte ce soir?...

BIRSCHMANN.

Énormément, madame la Comtesse, et j'espérais?

ANDRÉA.

Oui, oui!... je sais... il était fort irrité, contre vous, tout à l'heure, n'est-ce pas?

BIRSCHMANN.

Et bien injustement, j'ose le dire!... J'étais si heureux de venir me justifier...

ANDRÉA, vivement.

Ah! vous l'avez?...

BIRSCHMANN, saisi.

Madame?...

ANDRÉA.

C'est donc prêt?... Allons, allons, monsieur Birschmann,

ne faites pas de mystères!... je suis au courant!... vous voyez...

BIRSCHMANN.

Ah! madame la Comtesse sait?...

ANDRÉA.

Eh! oui, c'est aujourd'hui l'anniversaire de notre mariage, et...

BIRSCHMANN.

Ah!...

ANDRÉA.

Faites voir, vite!...

BIRSCHMANN.

Ah! c'est bien différent, en effet!... (A part, allant chercher une petite valise à main qu'il a déposée en entrant sur un fauteuil.) Du moment que c'est pour elle!...

ANDRÉA, regardant curieusement l'écrin qu'il apporte sur la table.

Des cachotteries; monsieur Birschmann, vous vouliez me le cacher?...

BIRSCHMANN, commençant à ouvrir sa petite valise.

Mon Dieu, madame la Comtesse, dans notre profession, n'est-ce pas,... on ne sait jamais!...

ANDRÉA.

Comment?...

BIRSCHMANN, vivement, se reprenant.

Je veux dire que... je ne me serais pas permis d'escompter le plaisir que monsieur le Comte se promettait à faire cette petite surprise!...

ANDRÉA.

C'est juste!... Mais soyez tranquille, monsieur Birschmann... il n'en saura rien!

BIRSCHMANN, sortant l'écrin.

Oh! je vous en supplie!...

2.

ANDRÉA.

C'est convenu!... Je ferai semblant d'être tout aussi surprise!...

BIRSCHMANN.

C'est ça! Madame la Comtesse aura la bonté d'admirer
deux fois le bracelet!...

ANDRÉA, vivement.

Ah! c'est un bracelet?...

BIRSCHMANN, ôtant les enveloppes de l'écrin.

Et le plus beau, j'ose le dire!... qui soit jamais sorti de
mes ateliers!...

ANDRÉA.

Vite!... vite donc!... Que de papiers!...

BIRSCHMANN, préparant la lampe pour l'effet.

Tout émeraudes et diamants!...

ANDRÉA.

Ah!

BIRSCHMANN, ouvrant l'écrin.

Et disposés avec un goût!... D'ailleurs, monsieur le
Comte a pris soin de dessiner le chiffre lui-même!...

ANDRÉA.

Ah! il y a un chiffre?...

BIRSCHMANN, disposant l'écrin sur la table devant Andréa
et le plaçant pour l'effet à la lumière.

Une lettre seulement; l'initiale du petit nom, m'a dit
monsieur le Comte.

ANDRÉA, regardant le bracelet, terrifiée.

Une S!... (Elle s'en empare avec stupeur.)

BIRSCHMANN, avec complaisance.

Une S, oui!...

ANDRÉA, de même, toute pâle, après s'être emparée de l'écrin
pour s'assurer du fait.

Une S!... mais... mais ce n'est pas mon nom, cela!...

BIRSCHMANN, suffoqué.

Hein? Comment... madame ne s'appelle pas Sophie ou
Sidonie, ou?...

ANDRÉA, le regardant, sourdement.

Andréa!...

BIRSCHMANN, tombant assis, foudroyé.

Justes dieux!... Quelle distance!...

ANDRÉA, après avoir regardé le bracelet en silence, à elle-même, tout bas.

Un bracelet!... Une femme!... Une femme pour qui l'on
achète!... et qui n'est pas moi!...

BIRSCHMANN, effaré.

Croyez que si j'avais su!...

ANDRÉA, dont l'expression jalouse va croissant.

Une femme!... Une autre femme!... (Debout, éclatant.) Une
autre!...

BIRSCHMANN.

Madame!...

ANDRÉA, s'exaspérant de plus en plus.

Et je ne vois rien!... je ne devine rien!... Il est toujours
absent!... Des jours entiers!... des nuits entières!... Et je
suis là, moi!... à rire avec lui des soupçons que je pourrais
avoir!... A rire!... Oui! là, tout à l'heure encore, il riait!...
Et je riais aussi, moi!... stupide que je suis!...

BIRSCHMANN.

Madame la Comtesse!...

ANDRÉA, désespérée.

Et je ne comprenais pas!... « Va! sors! amuse-toi!... fais-
toi belle!...Je ne suis pas jaloux!... » (Avec douleur.) Ah! non,
tu ne l'es pas!... non! Parce que tu ne m'aimes plus!...

Car c'est fini maintenant! C'est fini!... (Fondant en larmes.) Il ne m'aime plus!...

BIRSCHMANN, ému.

Madame!...

ANDRÉA, désespérée et éclatant en sanglots sur le canapé.

Et moi qui l'adore, qui ne vis que pour lui!... Ah!... que c'est indigne!... que c'est mal! Ah! que c'est mal! que c'est mal!

BIRSCHMANN, essuyant ses yeux.

Madame la Comtesse, je vous en supplie, ne vous désespérez pas comme ça, vous me fendez le cœur!

ANDRÉA, se redressant.

Et me tromper!... Oh!...

BIRSCHMANN, de même.

Ça ne prouve rien, je vous assure!... Si vous saviez tout ce que nous voyons dans ma partie!

ANDRÉA, debout, sans l'écouter.

Et pour qui?... Ah! je saurai qui me le vole!... Ah! nous allons bien le savoir!...

BIRSCHMANN.

C'est ça!... J'aime bien mieux madame la Comtesse en colère!...

ANDRÉA.

On me le dira bien!... On le sait!... depuis le temps!... Car il y a longtemps, n'est-ce pas, que c'est commandé?

BIRSCHMANN.

Un mois!...

ANDRÉA, avec rage.

Un mois!... oh!... lui qui... Et pour quelque!... Qui est-ce?...

BIRSCHMANN.

Madame! je vous jure!...

ANDRÉA.

C'est juste!... je suis folle!... pardonnez-moi!... Et ne rien savoir... nul indice... Rien!... Si!

BIRSCHMANN, surpris.

Si?...

ANDRÉA, vivement, frappant des mains.

La lettre!...

BIRSCHMANN.

La lettre?...

ANDRÉA.

L'S!

BIRSCHMANN.

En effet!

ANDRÉA.

La première lettre du nom, quel indice!

BIRSCHMANN.

Une lumière!...

ANDRÉA, cherchant.

S!... S!... Sylvia!... Sabine!... Non, je n'ai aucune amie de ce nom-là!... (Regardant.) Pourquoi cette étoile?

BIRSCHMANN, ahuri.

L'étoile?

ANDRÉA, fiévreuse.

Oui, oui, cette étoile, c'est encore quelque chose, ça!...

BIRSCHMANN.

En effet! Une allusion, m'a dit, je crois, monsieur le Comte! Une allusion en latin!

ANDRÉA.

En latin?

BIRSCHMANN.

Oui!... Madame la Comtesse ne sait pas le latin?

ANDRÉA.

Non!

BIRSCHMANN.

Moi non plus!

ANDRÉA.

Ah! il y a là un dictionnaire anglais-français!... Il y a peut-être du latin aussi!

BIRSCHMANN.

Peut-être!...

ANDRÉA.

Voilà!... Cherchons! (Elle le pose fiévreusement sur la table.)

BIRSCHMANN, penché comme elle, cherchant.

Étoile!

ANDRÉA, retournant les pages comme une folle.

Étoile! Étoile!

BIRSCHMANN.

Pardon! madame la comtesse cherche à l'M... ce n'est pas là!...

ANDRÉA, tombant assise, épuisée.

Ah!... c'est vrai!... je ne vois plus!...

BIRSCHMANN.

Si madame permet!... *Étriqué!... Étuve!... Étourneau!...* Nous brûlons!... *Étoile!...* j'y suis!...

ANDRÉA, debout, lisant.

Étoile! du latin *Stella!* (Poussant un cri.) Stella!

BIRSCHMANN.

Hein?

ANDRÉA.

La danseuse!... c'est la danseuse!

BIRSCHMANN, à lui-même.

Ça y est!...

ANDRÉA.

Trahie pour cette créature!... oh! c'est trop fort, vous en conviendrez!

BIRSCHMANN.

Trahie!... Permettez!...

ANDRÉA.

Ah! ce n'est peut-être pas clair... n'est-ce pas?.,.

BIRSCHMANN.

Qu'il y ait commencement d'exécution, peut-être!.. mais!...

ANDRÉA.

Depuis un mois?

BIRSCHMANN.

Je connais la Stella! Très-coquette!... Elle est femme à prendre tous les bijoux pour rien!...

ANDRÉA, sans l'écouter, résolûment.

Ah! nous verrons bien ce qu'il osera me dire?...

BIRSCHMANN, effaré.

Monsieur le Comte!... je suis mort!

ANDRÉA, sans l'écouter, changeant d'avis.

Non... il n'avouera pas!

BIRSCHMANN, respirant.

Oh! certainement!... Ce n'est pas lui qu'on peut consulter pour savoir...

ANDRÉA, vivement.

C'est elle!

BIRSCHMANN.

Elle?...

ANDRÉA.

Oui! oui!... elle-même!... Elle joue ce soir!

BIRSCHMANN.

Vous croyez?

ANDRÉA.

Ah! si je crois!... Puisqu'il y est! J'y vais!

BIRSCHMANN.

A l'Opéra?

ANDRÉA.

Tout de suite!... je veux les voir!... les voir ensemble!...
je le veux!...

BIRSCHMANN, au comble de l'effarement.

Mais incognito, alors?

ANDRÉA.

Peut-être!... Vous la connaissez?..

BIRSCHMANN.

Très-peu!... par ma sœur, qui est sa couturière!...

ANDRÉA.

Sa couturière! quelle idée!... mais voilà! voilà!...

BIRSCHMANN.

Comment?...

ANDRÉA.

Ah! vous allez voir! (Elle sonne.)

BIRSCHMANN.

Mais, madame!...

ANDRÉA.

Silence!... (Josepha entre.) Josepha, mon costume de soubrette pour la charade; vite, la robe, le petit chapeau;
vite, vite! ·

JOSEPHA.

Oui, madame!

BIRSCHMANN.

Quoi! madame la Comtesse veut?...

ANDRÉA.

Tout! pour savoir!...

BIRSCHMANN.

Mais, grand Dieu!...

ANDRÉA.

Vous m'accompagnez, n'est-ce pas?

BIRSCHMANN.

Ah! madame!... Dans l'enfer!... D'ailleurs, nous y sommes!...

ANDRÉA.

Merci! — Deux secondes, et je suis à vous!

FRANÇOIS, entrant.

Madame, il y a là monsieur le chevalier de Bibenstein qui demande si madame la Comtesse veut bien accepter sa voiture?

ANDRÉA.

Pour?

FRANÇOIS.

Pour aller, dit-il, à la répétition!

ANDRÉA.

Ah! la répétition!... Dites au Chevalier que je le prie de m'excuser... Je ne répète pas ce soir!... (Poussant la porte de sa chambre.) Je joue! (Elle fait signe à Birschmann de l'attendre.)

ACTE DEUXIÈME

Une loge d'actrice somptueusement meublée. — Pan coupé à droite, porte
d'entrée sur un couloir. — Premier plan, large divan; entre la porte
et le divan, grande glace. — Au fond, cheminée. — A gauche, premier
plan, toilette, paravent. — Au milieu, borne et grand vase de fleurs,
garni de palmiers qui montent jusqu'au plafond. — De tous côtés, cou-
ronnes sur la tenture avec rubans et dédicaces de toutes couleurs, etc.

SCÈNE PREMIÈRE.

SYLVINE, REVEL, VALETS.

PREMIER VALET, sur le seuil, un énorme bouquet à la main.

C'est ici la loge de mademoiselle Stella?

SYLVINE, qui était occupée à ranger la toilette.

Oui, entrez! (Revel entre derrière le domestique, son binocle sur le
nez, passe à droite vivement, sans être remarqué par Sylvine, s'assied sur le
divan et prend des notes sur son calepin pendant tout ce qui suit.)

PREMIER VALET.

De la part du comte Komar.

SYLVINE.

Bien!

REVEL, écrivant.

Komar... violettes... lilas blancs...

DEUXIÈME VALET, même jeu, sur le seuil, avec un bouquet.

Mademoiselle Stella?

SYLVINE.

C'est ici!

DEUXIÈME VALET.

De la part de Son Excellence le général Pétérouskoff.

SYLVINE.

Bon!

REVEL, écrivant.

Péterouskoff!... Camélias!...

TROISIÈME VALET, même jeu.

De la part de Son Excellence Ragou-Pacha.

REVEL, écrivant.

Ragou-Pacha!... Gardenias!...

SYLVINE.

Ici!... Merci!... (Les domestiques se retirent.)

REVEL.

Deux, quatre, six, huit lignes!... Parfait!... (Se levant.)
Maintenant, soubrette exquise, un mot!

SYLVINE, se retournant et le voyant pour la première fois.

Tiens!... d'où sort-il, celui-là?

REVEL.

Je ne sors pas, Lisette,... j'entre! (Il lui baise le cou.)

SYLVINE, le repoussant faiblement.

Mais, avez-vous fini?... Je ne vous connais pas, moi!

REVEL.

Aussi, je fais connaissance!... (Même jeu.)

SYLVINE, laissant faire et riant.

Vous êtes drôle, vous!

REVEL.

Je crois bien!... J'en vis!

SYLVINE.

Journaliste?

REVEL.

Reporter du *Stéréoscope,* le journal le mieux informé de Vienne!

SYLVINE.

Et vous venez?

REVEL.

Puiser des indiscrétions sur ta très-adorable maîtresse; nous disons donc!... (Il rouvre son calepin.) que nous partons cette nuit?

SYLVINE.

Tiens! vous savez?...

REVEL.

Parbleu!

SYLVINE.

Oui, c'est improvisé!... Madame dansait ce soir pour la dernière fois de la saison... mais elle ne songeait pas au départ; à quatre heures, il nous est arrivé un télégramme...

REVEL, écrivant.

Un télégramme, bon!...

SYLVINE.

De Bucharest...

REVEL, même jeu.

L'Opéra?

SYLVINE.

Oui! des offres si brillantes... que, ma foi, nous partons cette nuit...

REVEL.

Bon!... Ce télégramme, tu l'as?...

SYLVINE.

Voici!

REVEL.

Parfait! — Je le donnerai. (Il copie.) « Stella... grand théâtre... » Je colle ça en gros caractères, on ne dira pas que je ne suis pas renseigné!... Ce n'est pas cet idiot de Widmer, qui me vole toutes mes nouvelles le lendemain...

SCÈNE II.

LES MÊMES, WIDMER.

WIDMER, au fond, autre binocle et autre calepin.

Mon nom!... plaît-il?

REVEL, de la borne où il continue à copier le télégramme.

Oui! oui! arrive! va!

WIDMER, après avoir fait le tour de la borne.

Déjà là?

REVEL, même jeu.

Tu l'as dit, mon bonhomme...

WIDMER.

Et le télégramme?... tu l'as, scélérat?

REVEL, se levant et le faisant passer sous son nez en le rendant à la soubrette.

Je l'ai!

WIDMER.

Oh !... je te revaudrai ça !

REVEL.

Ta douleur m'inspire une joie satanique!...

WIDMER, à Sylvine, prêt à écrire.

Enfin elle part; c'est acquis, n'est-ce pas?

REVEL, riant.

Oh! oh! la bonne nouvelle !

WIDMER, à Sylvine.

Quel procédé, ce départ, ange de mes rêves; bateau, chemin de fer?... (Il la prend dans ses bras.) Tout bas la réponse !

SYLVINE, baissant la voix en riant.

Bateau!

REVEL, rouvrant son calepin et prêtant l'oreille.

Hein?... vous dites?...

WIDMER, à Sylvine.

Son nom? (Lui embrassant l'oreille.) Tout bas!

REVEL.

Tout haut!

WIDMER, faisant passer Sylvine de l'autre côté sans la lâcher.

Tout bas!

REVEL.

Lisette, ne le dis pas, je t'adore!

WIDMER.

Marton! dis-le!... Je t'épouse!

SYLVINE, bas à Widmer.

Le *Centaure!* (Revel court derrière Widmer, pour se trouver près de Sylvine que Widmer fait vivement repasser à gauche, par devant lui)

WIDMER.

Capitaine?...

SYLVINE.

Grégor!

WIDMER.

Qui part?

SYLVINE.

Deux heures du matin!

REVEL, qui s'est glissé par derrière et qui entend.

Deux heures du matin! (Il écrit.)

WIDMER, à Revel.

Oui, mais tu ne sais pas le bateau!

REVEL.

Je le saurai!... Tu n'as pas le télégramme!

WIDMER.

Je l'inventerai !

REVEL.

Cynique !

SYLVINE, riant.

Fusionnez !

WIDMER.

Dans tes bras ! (Ils lui baisent chacun une épaule.)

SCÈNE. III.

LES MÊMES, RABNUM, MACHINISTES.

RABNUM, un mètre à la main, entrant par le fond, suivi de machinistes qui restent sur le seuil à examiner la porte et la cloison.

Courage, mes enfants, frappez l'enclume !...

WIDMER.

Illustre directeur, nous prenons des renseignements !...

RABNUM.

Sur elle !... farceurs ! — Comment n'êtes-vous pas dans la salle, un soir comme celui-ci, jeunes gens ?...

REVEL.

Moi ! j'y cours !... où en est-on ?

RABNUM.

A la fin de l'acte... Stella va faire son entrée...

SYLVINE.

Oh !

REVEL.

Mazette !... je ne veux pas manquer ça !... Au revoir !
(Il sort vivement. Sylvine sort un peu après lui.)

SCÈNE IV.

WIDMER, RABNUM, MABLOU.

WIDMER.

Ce sera chaud, cette représentation ?...

RABNUM.

Bouillant! (A Mablou, qui tient un mètre.) Ça ira?

MABLOU.

Oui, monsieur !

WIDMER.

Scélérat de Rabnum, on voit bien qu'il est Américain. Pas un directeur comme lui pour le puff et la réclame; seulement, vous avez joliment manqué votre affaire ce soir.

RABNUM.

Comment?

WIDMER.

Si vous aviez prévu le départ de Stella... Le prix des places triplé, simplement; c'était une recette de vingt mille florins.

RABNUM.

Oui, mais le télégramme n'est arrivé qu'à quatre heures! Trop tard pour l'affiche!

WIDMER.

C'est fâcheux!... — Car à quoi vous servira ce délire de la salle, à présent que la recette est faite?...

RABNUM.

A quoi?... (Appelant Mablou qui prend des mesures au fond.) Mablou!

WIDMER, à Rabnum.

Votre chef machiniste?

RABNUM.

Oui ! (A Mablou.) Eh bien ?

MABLOU.

Eh ! bien ! monsieur, ça ira sur des roulettes ! Nous avons scié la cloison qui partira tout d'une pièce !

WIDMER, étonné.

Tiens ! tiens !

RABNUM.

Et l'autre cloison... celle du corridor ?

MABLOU.

Celle du corridor étant à coulisse pour les nuits de bal, d'un coup de sifflet je vous l'enlève par enchantement.

RABNUM.

Total de minutes,... Mablou ?

MABLOU.

Cinq pour la manœuvre, tandis qu'on déblaye le théâtre : dix, pour la pose des tables ; autant pour dresser le couvert !... c'est un entr'acte de vingt minutes,... pas plus !

RABNUM.

Vous entendez, Widmer ?

WIDMER.

Un couvert !... des tables !... De quoi s'agit-il ?

RABNUM.

Mablou ! — L'affiche ?

MABLOU.

Voilà, monsieur ! (On la colle contre la glace, à droite.)

RABNUM.

Maintenant, journaliste, au binocle !...

3.

WIDMER.

Oh! oh!

RABNUM.

Voilà ce que j'appelle une affiche bien faite, hé?... A l'Américaine!... Vous n'entendez rien ici à ces choses-là, vous autres Européens!

WIDMER, riant de la dimension.

Oui, ça se lit!... (Lisant.) « Rabnum-Théâtre, 15 mars 1873. Cette nuit, après la représentation, grand souper d'adieu offert à mademoiselle Stella, par les admirateurs de son génie!... Ce souper sera servi à trois cents couverts sur la scène du théâtre; l'orchestre exécutera, pendant toute sa durée, les airs des ballets où il nous a été donné d'applaudir la diva! — Le service des vins et des liqueurs sera fait par quarante danseuses du corps de ballet, costumées en pages! »

RABNUM.

Eh bien?...

WIDMER.

Splendide! Rabnum!... tout à fait splendide!...

RABNUM.

Vous comprenez!... Je chauffe l'enthousiasme de la salle à température d'ananas!... Trente affiches comme celle-ci, collées dans les couloirs, au foyer, partout! Et quand le spectateur enivré quitte sa place à l'entr'acte, c'est à ça qu'il se cogne le nez... Douze cents personnes se ruent au grand foyer pour s'y disputer trois cents... non, deux cent cinquante couverts... car j'en réserve cinquante pour les amis...

WIDMER, lui serrant la main.

Comme moi!...

RABNUM.

Comme vous!... Qui me sont utiles!... Deux cent cinquante couverts, dis-je, mis en vente à vingt-cinq florins, montent à cent cinquante pour le moins... Total, trente mille florins de recette, au bas mot, pour un dîner qui m'en coûtera cinq mille! — Voilà l'opération.

WIDMER.

Grand homme!... Homme de Plutarque!

RABNUM, bas.

Chauffez-moi ça dans les couloirs!

WIDMER.

Soyez tranquille!

MABLOU.

Nous laissons l'affiche, monsieur?

RABNUM.

Laissez! laissez! Et pensez au couvert, Mablou... Les palmiers sur la table!... N'oubliez pas les palmiers!... et un tigre au milieu.

WIDMER.

Un tigre?...

RABNUM.

Empaillé, avec la couronne d'or dans les dents. Il a déjà servi dans vingt villes, Boston, Philadelphie, etc... Mablou, vous l'avez toujours notre tigre de Chicago?...

MABLOU.

Oui, monsieur!...

RABNUM.

Allons, marchons, mes enfants!...marchons! (Grand brouhaha au loin, applaudissements, trépignements.) Oh! oh! Écoutez-moi ça! (Regardant sa montre.) Dix heures! l'acte va finir!

SCÈNE V.

LES MÊMES, FRÉDÉRIC, CRACOVERO, LE DOCTEUR BASILOS, REVEL, DEUX OU TROIS AMATEURS, puis BALTHAZAR.

D'abord dans le couloir, puis peu à peu envahissant toute la loge. Pendant toute la scène, mouvement d'allée et venue dans le couloir du fond, et parcours des employés du théâtre, les acteurs, actrices, habitués du foyer, etc.

FRÉDÉRIC, apercevant l'affiche.

Ah! bravo, le souper !... Voilà une idée !...

CRACOVERO.

Triomphante !

RABNUM, se frottant les mains.

N'est-ce pas ?

FRÉDÉRIC.

Messieurs !... un vivat pour Rabnum !

TOUS, rentrant de tous les côtés.

Hurrah !... Rabnum !

RABNUM, envahi.

Messieurs !...

UN AMATEUR, un billet de banque à la main.

Monsieur Rabnum !... J'aime à croire que j'ai une place comme habitué !

UN AUTRE.

Et moi ?...

TOUS.

Et nous ?...

RABNUM.

Messieurs !... messieurs !... au grand foyer !

TOUS.

Mais nous payons !

RABNUM.

Aux enchères !...

PLUSIEURS.

Des amis ?...

RABNUM.

Pas d'amis ce soir !... Aux enchères !... Tous! (Les amateurs sortent vivement.)

FRÉDÉRIC, à Rabnum.

Quel homme ! Parlez-moi de ça ! (Applaudissements dehors.)

CRACOVERO.

Entendez-vous comme ça ronfle ?

RABNUM, se frottant les mains.

Et vous êtes là ?

FRÉDÉRIC.

On ne peut pas arriver !... les couloirs regorgent !

CRACOVERO.

Nous nous sommes repliés sur les coulisses !... (Sylvine va et vient pendant la scène, pour prendre divers objets et, en dernier lieu, un peignoir.)

RABNUM, à Frédéric.

Et monsieur de Tœplitz, votre beau-frère, où est-il ?

FRÉDÉRIC.

Je ne sais pas? (Tonnerre d'applaudissements au théâtre, puis sonnette dans le couloir.)

RABNUM.

Fin de l'acte !... (Redoublement de vacarme)

FRÉDÉRIC.

Mâtin !... quel effet !

CRACOVERO.

On casse les banquettes !

RABNUM, radieux.

C'est convenu !... J'ai sacrifié deux rangs !... qu'ils cassent !

REVEL, accourant et s'essuyant le front.

Quel succès!... Elle se surpasse! (Applaudissements plus rapprochés dans les coulisses.)

RABNUM, courant au fond.

La voici!

REVEL, à Frédéric, pendant ces applaudissements.

Vous n'y étiez pas?

FRÉDÉRIC.

Non!

REVEL.

Vous avez perdu!

RABNUM, au fond.

Place! place! messieurs!

CRACOVERO.

On s'étouffe!

RABNUM, dehors.

Place donc, messieurs!... (Applaudissements, cris, etc.)

AUTRES VOIX.

Place au couloir, messieurs! (On voit passer au fond toute une bande de petites femmes en jupes courtes, le corps du ballet, avec des mouchoirs au cou et des capelines, courant, pour regagner leur foyer.)

RABNUM, aux habitués qui encombrent la porte.

Messieurs, dégagez la porte, je vous prie.

SCÈNE VI.

LES MÊMES, STELLA, REVEL, WIDMER, ETC.

TOUS, saluant d'applaudissements l'arrivée de Stella qui approche, et envahissant la loge.

Brava! brava! la Stella!

STELLA, au fond.

Messieurs!

TOUS, saluant son entrée.

Brava!... la Stella!...

STELLA, entrant en costume de danseuse, enveloppée d'une sortie de bal.

Messieurs!... (Redoublement de cris et de bravos.)

RABNUM.

A votre changement, mesdames. (A Stella avec empressement.) Un verre de champagne, hein?

STELLA.

Oui, frappé!

LE DOCTEUR, vivement.

Non, pas frappé!

STELLA.

Non, n'est-ce pas, docteur?

RABNUM, au fond.

Du champagne, vite!

STELLA, assise tandis que Sylvine la déchausse.

Une belle salle, n'est-ce pas, docteur?

LE DOCTEUR.

Il n'y a que diamants!

STELLA, à Rabnum qui redescend.

Est-ce que ce n'est pas la Péchina qui est à l'avant-scène de droite?

RABNUM.

Si!

STELLA.

Elle est bien jaune comme un coing!

RABNUM.

La jalousie!

WIDMER.

Messieurs, le corps diplomatique! (On voit entrer par le fond trois personnages de tailles absolument différentes. L'un très-grand, l'autre très-petit, et le troisième de taille moyenne, les trois marchent l'un derrière l'autre gravement, le plus grand le premier, le plus petit le dernier. Le plus petit a un fez. Ils ont chacun une lorgnette; le plus petit, la plus grande, le plus grand, la plus petite. — Ils entrent majestueusement et descendent jusqu'à Stella.)

STELLA.

Bonsoir, Général!... Bonsoir, Comte!... Vous êtes contents?

LE GÉNÉRAL, lui baisant la main.

Oh! (Il s'efface.)

LE COMTE, même jeu.

Ah! (Il s'efface.)

STELLA, au petit Turc en lui tendant la main.

Ah! pardon!... Excellence, je ne vous voyais pas! (Le Turc baise la main et fait entendre un grognement, puis il s'efface.)

BALTHAZAR, à Rabnum, désignant la grosse lorgnette du Turc.

Il a dû la voir, lui! (Le corps diplomatique sort majestueusement en défilant comme il est entré, perçant la foule qui encombre le couloir et la porte et qui s'écarte.)

RABNUM.

Allons, le champagne!... (On apporte du vin de Champagne sur un plateau.)

VOIX, dehors et sonnette.

Place au théâtre!... Place au théâtre!...

STELLA, à qui Rabnum a versé un verre de champagne.

A vos santés, messieurs!

TOUS.

Brava! brava!

CRACOVERO, qui s'est emparé du soulier que Stella vient de quitter et y a versé du champagne, un genou en terre.

Je trinque pour ces messieurs!... A la divine Stella!...

STELLA, riant et lui retirant le soulier avant qu'il ait fait
le geste de boire.

Ah ! mon soulier !...

BALTHAZAR, applaudissant.

Très-chic !

REVEL, écrivant.

Très-joli !

WIDMER, de même.

Très-neuf !

STELLA, émue, tendant sa main à Cracovero.

Oui, c'est gentil !... ça !...

RABNUM, à lui-même.

Tiens ! il y a une idée là-dedans ! (Haut.) Et maintenant,
messieurs !... place pour le changement de madame !

TOUS.

Ah ! quel malheur !...

FRÉDÉRIC.

Comme on resterait !...

STELLA, riant.

Oui-dà !... Stéphan n'est pas là ?

CRACOVERO.

Non, le maladroit !

STELLA, debout.

Allons ! allons ! dehors !... s'il vous plaît !

RABNUM.

Dehors, messieurs, dehors !... je vous prie !

CRACOVERO.

A tout à l'heure !

STELLA, lui tendant la main.

Oui, héros !... C'est gentil, ce que vous faisiez là ? (Le général lui baisse la main tendrement. Tout le monde se retire.)

LES GARÇONS DE THÉATRE, dehors.

Circulez! messieurs! circulez!

L'AVERTISSEUR, avec sa sonnette.

Le deuxième acte va commencer! (La porte se referme.)

SCÈNE VII.

STELLA, SYLVINE.

STELLA.

Ouf!... j'étouffais! — Encore un verre.

SYLVINE, la servant, puis déployant le paravent.

J'espère que madame a un succès!... Madame sait qu'on lui offre un grand souper?

STELLA.

Oui! une idée de Rabnum!... C'est un malin, il va faire une belle recette!

SYLVINE.

J'ai entendu parler d'une couronne d'or pour madame.

STELLA.

Il peut bien la donner, je lui fais gagner assez d'argent!... mais avec tout ça nous ne dormirons pas cette nuit!

SYLVINE, préparant les jupes.

Madame aura le temps de dormir sur le bateau.

STELLA.

Tu sais que nous partons à trois heures précises. Le capitaine retarde d'une heure pour moi; mais il n'attendra pas...

SYLVINE.

Tout est emballé, madame. (On frappe.) Qui est là ?

UNE VOIX.

Lambert !

SYLVINE, à Stella.

Le coiffeur !... Entrez ! (Sylvine ouvre. Le coiffeur entre.)

STELLA.

Arrivez donc !... lambin !...

LAMBERT.

Je coiffais mademoiselle Noémie !

STELLA.

Ce n'est pourtant pas ce qu'elle a de cheveux !...

LAMBERT, préparant tout.

Il est certain que près de madame !... mais raison de plus ! (Il entre dans le petit coin réservé près de la cheminée et entouré d'un paravent.)

STELLA, à Sylvine.

Et la couturière ?... où est-elle aussi, celle-là... avec une jupe sur quatre ?

SYLVINE.

Madame ne l'a pas ?

STELLA.

Mais non !...

SYLVINE.

Je vais envoyer un garçon de théâtre... (On frappe.) Qui est là ?

BIRSCHMANN, dehors.

Birschmann.

STELLA, à Sylvine.

Birschmann, le bijoutier ?

SYLVINE, répétant.

Le bijoutier ?

BIRSCHMANN.

Oui.

STELLA.

Qu'il entre! (Elle passe derrière le paravent avèc le coiffeur et y disparaît.)

SYLVINE, ouvrant.

Entrez!

SCÈNE VIII.

LES MÊMES, BIRSCHMANN, ANDRÉA, en femme de chambre, très-élégante, avec un petit chapeau.

BIRSCHMANN, entrant le premier.

Je vous demande pardon!...

SYLVINE, descendant et ployant des vêtements.

Entrez! entrez!... madame est derrière son paravent!

BIRSCHMANN, se retournant, à Andréa.

Entrez, Ottilie. (A Sylvine.) C'est la couturière de ma sœur...

STELLA, de derrière le paravent.

Avec le jupon?...

BIRSCHMANN, prenant un carton des mains d'Andréa.

Que voilà!...

STELLA.

Enfin!... Apporte, Sylvine! (Sylvine prend le carton, qu'elle porte à sa maîtresse.)

BIRSCHMANN, à Andréa, qui est tout interdite.

Pour Dieu! madame, de l'aplomb!... c'est vous qui l'avez voulu!

ANDRÉA, très-émue.

Oui! oui!... Je suis si émue...

STELLA, toujours de sa place.

Sans reproche, il était temps !... Dites à la couturière de rester !... Restez, mon enfant?

BIRSCHMANN, bas à Andréa.

Que madame réponde !

ANDRÉA, de même.

Il faut?...

BIRSCHMANN.

Sans doute !...

ANDRÉA, haut, domptant son émotion.

Oui, madame !

BIRSCHMANN, à Andréa, à part.

Un peu plus d'assurance, madame, je vous en supplie, où nous allons nous trahir !

ANDRÉA, à Birschmann.

J'essayerai !... Il n'est pas là, vous voyez !... Si nous nous étions trompés !

STELLA, de sa place,

Prenez donc garde, coiffeur, vous me tirez les cheveux ! Vous n'avez rien reçu pour moi, monsieur Birschmann?

BIRSCHMANN.

Non, madame, rien ce soir !... Je suis venu après mon dîner pour montrer le chemin à mademoiselle qui est toute nouvelle dans la partie.

SYLVINE.

Dites donc, est-ce que la couronne est de votre façon?

BIRSCHMANN.

Madame sait déjà?... Oui, en effet, la couronne sort de mes ateliers.

STELLA.

C'est bien?

BIRSCHMANN.

Délicieux!... d'un goût!...

STELLA.

Non! — J'entends : ça a-t-il du prix?... Combien ça pèse-t-il?

BIRSCHMANN, à part.

C'est une femme pratique! (Haut.) Le grand mérite est dans l'exécution des feuilles qui...

STELLA.

C'est massif?

BIRSCHMANN.

C'est massif! (A lui-même.) Étonnamment pratique, cette femme-là!

STELLA.

Sylvine!... donne du fil à cette petite!...

ANDRÉA, à demi-voix.

Cette petite!...

STELLA.

Qu'elle refasse une maille à mon bas de soie...

SYLVINE.

Oui, madame! (Elle va et vient pour les objets à prendre.)

ANDRÉA, à Birschmann.

Il faut que je raccommode?

BIRSCHMANN.

Évidemment!...

ANDRÉA, révoltée.

Le bas de cette fille!... moi?...

BIRSCHMANN.

Madame la Comtesse, l'idée est de vous!... le vin est tiré!

ANDRÉA.

Par exemple!... mais jamais ça!... jamais!...

BIRSCHMANN.

Alors, allons-nous-en!

ANDRÉA.

Et je ne saurai rien?

BIRSCHMANN.

Dame! il faut pourtant se décider!...

SYLVINE, descendant avec le bas.

Tenez, mademoiselle!

BIRSCHMANN, le passant à Andréa.

Une vraie fée!... Elle travaille!... Tenez, Ottilie! (Andréa le prend et le jette sur le canapé.)

STELLA, derrière son paravent, se levant coiffée.

Allons, maintenant, monsieur Birschmann, allez-vousen! (Mouvement d'Andréa.)

BIRSCHMANN, regardant Andréa.

Hein?... madame veut!...

STELLA.

Mais oui! vous me gênez, mon cher, pour m'habiller.]

ANDRÉA, vivement à Birschmann, le retenant.

Ne vous en allez pas!

BIRSCHMANN, haut.

C'est que...

STELLA.

Quoi?

BIRSCHMANN.

Je vous assure, madame que je suis si peu regardant! (Andréa lui fait signe de persister.) D'ailleurs!... puisque le coiffeur...

STELLA

Ah! mais le coiffeur a fini. (Lambert sort.) Et enfin le coiffeur n'est pas un homme!

BIRSCHMANN.

Moi non plus, je vous assure!... ou si peu...

STELLA.

Eh bien?

SYLVINE, montrant à Birschmann la porte que Lambert a laissée ouverte en sortant..

Allons! allons! bijoutier de mon cœur!... (Elle remonte vers sa maîtresse.)

ANDRÉA, bas à Birschmann.

Seule!... Avec elle?

BIRSCHMANN, de même.

Vous voyez, il le faut!

ANDRÉA.

Mais je ne veux pas!...

BIRSCHMANN.

Alors, partons; mais il va venir!... sûrement!...

STELLA, ouvrant le paravent à demi.

Eh bien, êtes-vous parti?

BIRSCHMANN.

Je pars, madame, je pars!

STELLA.

Et pesez la couronne!... Que je sache au juste ce que ça vaut!

BIRSCHMANN.

Oui, madame, tout de suite! (A Andréa.) C'est une rentrée!

ANDRÉA, avec jalousie.

Oh!.. Elle est belle!

BIRSCHMANN.

Je pars, madame... Décidément?...

ANDRÉA, ne cessant plus de regarder Stella et prenant son parti résolùment.

Décidément!... Je reste!

BIRSCHMANN.

Ah! (Il sort. — Sylvine ferme la porte après lui.)

SCÈNE IX.

STELLA, ANDRÉA, SYLVINE.

STELLA.

Il est parti?

SYLVINE, fermant la porte sur Birschmann.

Oui, madame!

STELLA, sortant du paravent.

C'est heureux! (A Andréa.) — Mettez-vous donc là, ma fille, vous y verrez plus clair! (Elle va à sa toilette.)

ANDRÉA, la dévorant des yeux, tristement.

Bien belle!... Oui! mais je le suis autant qu'elle... Qu'a-t-elle donc de plus que moi? (On frappe doucement.)

STELLA.

On frappe! — Vois donc?

SYLVINE.

Qui est là?

STÉPHAN, dehors.

C'est moi, Sylvine!

ANDRÉA, tressaillant, à part.

Lui!...

4

SYLVINE, à la porte.

Madame, c'est monsieur le Comte.

STELLA, tranquillement à son miroir, faisant sa figure.

Ah! il se décide!

STÉPHAN, frappant avec impatience.

Peut-on entrer?

SYLVINE.

Attendez! (Elle descend.)

ANDRÉA, regardant Stella, qui a les épaules toutes nues, avec anxiété.

Ah! si elle le reçoit ainsi?...

SYLVINE.

Madame, ouvrirai-je?

STELLA.

Non!

ANDRÉA, avec joie.

Ah!

STELLA, haussant la voix.

Comte, je ne puis vraiment pas vous recevoir dans l'état où je suis!

STÉPHAN, insistant.

De grâce, diva!

STELLA.

Non! non! — Attendez!

STÉPHAN.

Stella! un mot tout de suite!

STELLA.

Quoi?

STÉPHAN.

Cette nouvelle!... Est-ce vrai?... Vous partez?... Cette nuit?...

STELLA, tranquillement, continuant sa toilette.

Oui, je pars!

STÉPHAN.

Eh bien!... et moi?

STELLA.

Vous?

STÉPHAN.

Oui!

STELLA.

Eh bien, quoi, vous?

STÉPHAN.

Mais si vous partez: moi, je meurs!

STELLA.

Bah! laissez donc!... on ne meurt pas comme ça!

STÉPHAN, avec énergie.

Stella! je veux absolument vous parler! Je le veux!

STELLA.

Comment dites-vous cela?... *Vous voulez!*

STÉPHAN.

Non, pardon!... Je vous en conjure à genoux!

STELLA.

A la bonne heure!... Eh bien, flânez un peu dans les couloirs; dans dix minutes, je serai prête et je vous recevrai... peut-être!

STÉPHAN.

Stella! ingrate Stella!... traiter de la sorte un homme qui ne vit que pour vous!

STELLA, tranquillement.

Dix minutes!...

STÉPHAN, soupirant.

Allons, je me résigne!

STELLA.

C'est ça!...

SYLVINE, voyant Andréa prête à s'évanouir.

Eh bien, eh bien!

STELLA.

Quoi donc?

SYLVINE, courant à Andréa.

La couturière qui se trouve mal?

STELLA.

Eh! ma fille, qu'est-ce que vous avez? (Elle va à Andréa.)

ANDRÉA.

Ce n'est rien, madame... Je vous demande pardon...

SYLVINE, la faisant asseoir.

Mais si; vous êtes toute pâle!

STELLA, lui prenant la main.

Et glacée!...

ANDRÉA.

Oui, je crois...

SYLVINE.

C'est le gaz!

ANDRÉA.

C'est le gaz, oui!

STELLA, à Sylvine.

Ouvre un peu la porte.

ANDRÉA, vivement.

Non, mille pardons!... C'est fini! (Elle veut se lever.)

STELLA.

Mais non!... restez là, ma fille! (A Sylvine.) Elle est char-
mante, cette enfant... donne-lui donc un peu de champagne... ça la remettra?

ANDRÉA.

Non, madame, je vous remercie... cela va mieux.

STELLA.

Est-ce que ça vous prend souvent!

ANDRÉA.

Quelquefois?

SYLVINE.

Vous avez peut-être trop travaillé aujourd'hui?

ANDRÉA.

Oui, je crois que c'est un peu de fatigue...

STELLA.

Eh bien, laissez cet ouvrage et allez-vous-en, ma fille!

ANDRÉA.

Oh! non... pas encore!...

STELLA.

Mais si! cela ne presse pas!...

ANDRÉA.

Je vous en prie!... permettez-moi de rester... Je ne pourrais pas rentrer en ce moment.

STELLA, tandis que Sylvine continue à l'habiller.

C'est une raison, ça!... Comme vous voudrez, mon enfant!... Asseyez-vous là, tenez!... Vous avez les yeux rouges, comme si vous aviez pleuré!... Est-ce que vous n'avez pas quelque chagrin?...

ANDRÉA.

Un peu de chagrin, oui!

STELLA, à sa toilette, faisant sa figure.

C'est ça!... Je m'y connais, allez!... J'en ai eu assez dans ma vie... avec ces monstres d'hommes... (A Sylvine.) Car je ne lui demande pas...

SYLVINE, l'habillant.

C'est un homme!... Je vois ça!...

STELLA.

Quelque amoureux!... la pauvre petite!

4.

SYLVINE.

Ou un mari, car il y a encore cés canailles de maris!

STELLA.

Est-ce que vous êtes mariée, mon enfant?

ANDRÉA.

Oui, madame.

STELLA.

Allons donc!

SYLVINE.

Quelle bêtise!...

STELLA.

Et si jeune encore!... Qu'on se marie pour en finir quand on n'a plus rien à faire!... Mais à cet âge-là, quelle duperie! Il y a longtemps que vous êtes mariée?

ANDRÉA.

Deux ans...

SYLVINE.

Deux ans!... Ainsi, madame, jugez!... et déjà du chagrin!... Il vous bat peut-être, ce monstre-là?

STELLA.

Tant qu'ils ne font que battre encore!...

SYLVINE.

Mais c'est quand ils vous trompent!

STELLA.

Ah! voilà!... Il vous trompe?... Ce garnement-là?...

ANDRÉA.

Peut-être!

STELLA.

Ah! vous pouvez bien dire : sûrement!... Il n'y en a pas un qui s'en prive!... Et pour qui encore?... Pour quelque drôlesse?...

ANDRÉA.

Oui!

STELLA.

Oh! évidemment!... Et ça l'étonne, pauvre chat!... Est-elle jeune! (A Sylvine.) Dis donc, tu ne trouves pas ma jupe trop longue?

SYLVINE, à genoux et rajustant la jupe.

Si, madame, un peu... (A Andréa.) C'est moi, à votre place, qui en prendrais mon parti et qui lui rendrais la pareille!

ANDRÉA.

Oh!

STELLA.

Elle a bien raison! — Vous êtes jeune, jolie... au lieu de vous manger le sang!...

SYLVINE.

Et pour le gré qu'ils nous savent de rester honnêtes!...

STELLA.

Bien au contraire!... Vous pleurerez!... Vous vous enlai-direz!... Il vous trouvera maussade, et il se détachera de vous encore plus vite!... Tandis que si vous faites comme lui... eh bien, vous serez toujours de bonne humeur, avenante et fraîche!... C'est comme ça qu'en les perdant comme maris, on les retrouve quelquefois comme amants!...

ANDRÉA, à part.

Quelle morale!

STELLA, mettant ses bijoux pendant ce qui suit.

Voyez-vous, ma pauvrette, toutes, tant que vous êtes, femmes mariées, vous tombez dans la même faute! — Vous aimez trop vos maris, et vous le laissez trop voir.

ANDRÉA.

Ah! c'est bien vrai!...

STELLA, de même.

Et qu'est-ce donc qui fait notre succès, à nous autres comédiennes?... C'est notre frivolité même et notre insouciance!... On ne nous tient pas, et on a toujours peur que nous n'échappions!... Vous avez entendu celui-là, derrière la porte?... Pourquoi est-il si tendre?... C'est que je me moque absolument de lui!... Je l'ai renvoyé comme un chien!...

ANDRÉA.

C'est vrai?

STELLA.

Il va revenir l'oreille basse et rampant!... Et toutes les sottises qu'il me plaira de lui commander, il les fera!...

ANDRÉA.

Oh!...

STELLA, se mettant du blanc sur les bras.

Et notez bien qu'il est marié aussi, celui-là, et qu'il a même, paraît-il, une femme jeune et gentille! Eh bien, cet homme, qui a au coin du feu son bonheur tout servi, voilà trois mois qu'il vient ici essuyer mes rebuffades!...

ANDRÉA, vivement.

Ah! vous n'avez pas?...

STELLA.

Oh! pas ça!...

ANDRÉA, avec joie, à part.

Ah!

STELLA.

Mais justement!... Ici, on le rebute. Il y a lutte!... et chez lui, pas!... qu'il revienne, et que je lui dise : « Je pars, plante là ta maison, ta femme, tout!... pour me suivre!... »

ANDRÉA.

Il le ferait?

STELLA.

Ah! tout de suite!...

ANDRÉA.

Ah! je ne puis pas le croire!...

STELLA, à Sylvine.

Quelle enfant, hein?

SYLVINE.

Oh! oui!...

ANDRÉA.

Que cet homme abandonne ainsi pour vous?... oh!...

STELLA.

Veux-tu voir ça, ma fille... Es-tu vraiment curieuse de le voir?

ANDRÉA.

Ah! si je le croyais!...

STELLA.

Tu suivrais mes conseils?...

ANDRÉA.

Oh! madame!...

STELLA.

Eh bien, sois contente, tiens!... Et puis, ça va m'amuser!...

ANDRÉA.

Vous allez?... Oh! mais je ne veux!... (A elle-même, s'arrêtant.) Si! si! pourtant, il faut bien voir ce qu'il dira!... (On frappe).

STÉPHAN, dehors.

Stella!...

STELLA, riant.

Tiens!... Le voilà!

ANDRÉA.

Déjà?

STELLA, tout habillée.

Où en sommes-nous de l'acte, Sylvine?

SYLVINE.

Madame a encore huit minutes!...

STELLA.

C'est plus qu'il ne faut!...

STÉPHAN.

Stella?...

STELLA, haut.

Oui! (Elle écarte le paravent.)

ANDRÉA, effrayée.

Mais, madame!...

STELLA.

Passe là, innocente!... Écoute! et profite!

ANDRÉA.

Mais je ne veux pas!...

STELLA, riant.

Va donc! (A Sylvine.) Ouvre!... (Sylvine ouvre.)

ANDRÉA, effrayée.

Ah!... (Elle se jette derrière le paravent, que Stella referme comme si elle en sortait.)

SCÈNE X.

STELLA, SYLVINE, STÉPHAN, ANDRÉA,
derrière le paravent.

STÉPHAN, entrant.

Fnfin!...

STELLA, sans le regarder.

Eh bien! vous voilà!... Êtes-vous content?

STÉPHAN, très-agité.

Content?... Ah ça! ce n'est pas vrai, n'est-ce pas, ce départ?

STELLA.

Mais si, c'est vrai!...

STÉPHAN.

Mais, c'est impossible!... Et moi, qu'est-ce que je deviens,... moi? (Stella va s'appuyer à la barre qui est devant la glace, et fait des pointes, avec les exercices de danse ordinaires.)

STELLA.

Eh bien, vous restez, vous?

STÉPHAN.

Et je vous perds?

STELLA, même jeu, sans le regarder.

Eh! mon cher, qu'est-ce que vous perdez?... Vous n'avez rien!

STÉPHAN.

Et l'espoir?

STELLA, riant.

Ah! bien!... depuis le temps!

STÉPHAN, très-fiévreux.

Ah! oui!... Oh! je sais bien!... Vous allez dire que vous ne l'encouragez guère!... Et que depuis trois mois je perds bien mon temps et mes peines!... Mais qu'importe!... Vous êtes là!... je m'enivre de votre présence!... Vous partie!... C'est la nuit!... le vide... le désespoir!... Que ferai-je de ma vie, si vous n'êtes plus l'étoile qui la guide?...

STELLA, railleuse, même jeu.

Oh! oh!... que de poésie, ce soir!

STÉPHAN.

Ah! Stella!... railler un amour si vrai!...

STELLA.

De l'amour!... c'est vous qui le dites... Qu'est-ce que j'en sais, moi?...

STÉPHAN.

Quoi! c'est vous qui?...

STELLA, descendant et prenant une glace à main de Sylvine.

Eh, oui! c'est moi!... l'amour... c'est bientôt dit! — Mais quelles garanties en ai-je, de ce bel amour?

STÉPHAN.

Quelles?...

STELLA.

Vos assiduités?... la belle preuve! — Des déclarations?... mes tiroirs en sont pleins! — Des bijoux?... Regardez! — Des bouquets?... Comptez-les! — je n'ai que le choix des gens qui m'aiment!... Pourquoi vous plutôt qu'un autre?...

STÉPHAN.

Oh! comparer!...

STELLA, rendant le miroir à Sylvine.

Eh bien, là, sans comparaison!... pour qui me prenez-vous donc, mon cher?... Ah! voilà le cas que vous faites de votre idole!... Vous me croyez femme à désarmer pour des fleurettes... et à capituler pour un écrin!... Allons donc! Mais voilà bien la preuve que vous ne m'aimez pas!...

STÉPHAN, suffoqué.

Moi?

STELLA.

Non!... car l'amour ne va pas sans quelque estime!... Et je ne suis pour vous qu'un caprice comme un autre!...

STÉPHAN.

Grand Dieu!... s'il est possible!

L'AVERTISSEUR, ouvrant la porte.

Madame est prête?...

STELLA.

J'y vais! (A Stéphan.) Et là-dessus, on m'attend, vous voyez... A tout à l'heure, en bons amis... ou à jamais!... Adieu! (Fausse sortie.)

STÉPHAN, s'élançant pour lui barrer la porte. On voit, à partir de ce moment, Andréa qui écoute; Sylvine ayant exprès entr'ouvert le paravent.

Adieu!... vous à moi?...

STELLA, jetant sa pelisse sur ses épaules.

Vous ne m'empêcherez pourtant pas de partir cette nuit, je suppose?...

STÉPHAN.

Ah! je ne sais ce que je ferai, mais nous ne nous quitterons pas ainsi, je vous le jure!

STELLA.

Allons, vous êtes un enfant. Adieu, ou au revoir comme vous voudrez!... mais, voici le ballet, laissez-moi sortir...

STÉPHAN, toujours devant la porte.

Un mot d'abord...

STELLA.

Vite.

STÉPHAN.

Vous ne me croyez pas épris de vous, amoureux?... Amoureux fou!... n'est-ce pas?

STELLA.

Non!

STÉPHAN.

Et tout ce que je pourrais dire?...

STELLA, riant.

Ou rien...

STÉPHAN.

Soit!... Mais il y a mieux que des paroles... Stella! il y a les actes... Vous voulez des preuves... Dictez-les vous-même.

5

STELLA.

Allons, c'est de l'enfantillage!...

STÉPHAN.

Dictez-les... je les réclame! c'est mon droit! je l'exige!

STELLA.

Est-ce à moi de les dire?... Vive Dieu! si j'étais homme et que je fusse épris autant que vous prétendez l'être... je saurais bien trouver seul!...

STÉPHAN, hors de lui, l'interrompant.

Mais quoi? dites, enfin, dites-le!...

STELLA, avec chaleur.

Voilà un homme qui prétend ne vivre que pour et par moi... je pars!... Et il ne sait que se lamenter... Et il n'imagine rien, de lui-même... qui m'arrache ce cri : « Ah! décidément oui, tu m'adores! »

STÉPHAN, vivement.

Ah! vous suivre!... C'est là ce que vous voulez?

STELLA.

Est-ce que je sais, moi?... Ça ou autre chose!... Mais quelque chose enfin, dont tout le monde ne soit pas capable!...

STÉPHAN.

Et si je vous suis à Bucharest?... Dites?... Si je le fais?...

L'AVERTISSEUR, sur le seuil, vivement.

Le ballet, madame!... à vous!...

STELLA.

Oui!... (A Stéphan.) Vous me faites manquer mon entrée!...

STÉPHAN.

Un mot! un seul!... Par pitié!... Si je le fais?

STELLA.

Eh! bien!... si vous le faites!... (Sur le seuil.) Essayez!...
nous verrons après!... (Elle se sauve.)

STÉPHAN, avec joie.

Allons donc!...

ANDRÉA, tombant assise, derrière le paravent.

Grand Dieu!... Il le fera!...

STÉPHAN, seul, après un silence.

Et pourquoi ne partirai-je pas?... Ce n'est que quinze
jours d'absence, après tout!... Un voyage de quinze jours,
qu'est-ce que cela?... Et qui saura que je pars avec elle?...
Pour tout le monde, le premier prétexte suffira!... Une
affaire... des intérêts pressants!... Justement, j'ai des terres
de ce côté!... (Il s'assied tout près du paravent, si bien que la tête d'Andréa, qui l'écoute anxieusement, se trouve tout près de la sienne.) Et quant
à Andréa?... (Mouvement d'Andréa. — Embarrassé.) Andréa!... Eh
bien... je lui dirai qu'il le faut... que notre fortune en
dépend... que sais-je?... Une banqueroute!... Elle croira
tout ce que je voudrai!... D'ailleurs, pourvu qu'elle s'amuse
de son côté!... (Mouvement d'Andréa. — S'arrêtant net.) Non!... elle
ne me croira pas!... C'est trop brusque. . ce départ!... la
nuit!... Et puis, la laisser ainsi seule, toute seule!...
pauvre enfant!... Et qui m'aime!... Elle m'aime tant!...
Tout à l'heure encore!... Ah! Stéphan, prends garde!...
Où vas-tu? (Mouvement d'espoir d'Andréa.) Penses-y bien!...
C'est indigne, ce départ!... c'est lâche!... c'est fou!...
Non!... Oh! non!... Tu ne peux pas faire ça!... Allons,
tu ne peux pas, te dis-je, c'est ignoble!...

ANDRÉA, avec joie, à part.

Ah!... (Applaudissements au théâtre.)

SCÈNE XI.

ANDRÉA, cachée; STÉPHAN, LE DOCTEUR.

STÉPHAN, debout, enivré de nouveau par les applaudissements.

Ah!... elle entre en scène!... (Il prend son chapeau pour courir au théâtre.) Irai-je? n'irai-je pas?

LE DOCTEUR, qui était dans le couloir à causer avec une danseuse, tandis que la danseuse s'éloigne en courant.

Comment! tu es là, et pas à ton poste?...

STÉPHAN, le prenant par le bras et le faisant descendre.
Andréa disparaît.

Docteur, tu es un vieil ami, toi!... Sais-tu un remède contre une passion enragée qui vous dévore?

LE DOCTEUR.

Homéopathiquement!... C'est de la satisfaire!...

STÉPHAN.

Et si cette satisfaction n'est possible qu'à des conditions?...

LE DOCTEUR.

Alors, par les contraires!... on la dompte!

STÉPHAN.

Et si on est impuissant à la dompter?...

LE DOCTEUR.

C'est qu'on administre mal les remèdes!

STÉPHAN.

Voilà de mon docteur, qui traite l'amour comme une maladie!...

LE DOCTEUR.

Absolument!

STÉPHAN.

Quel fou!

LE DOCTEUR.

Pas plus que toi!

STÉPHAN.

Moi!... fou?

LE DOCTEUR, allant s'asseoir à gauche, près de la toilette.

Tu n'es pas un fou proprement dit, tu es un maniaque!...
Il y a chez toi prédominance exclusive, absolue, d'une idée
fixe!... C'est-à-dire manie rentrant dans la catégorie générale des délires amoureux!... Et ton cas personnel, c'est
Stella!... Tu es un délirant d'une espèce particulière, un
stelliste!

STÉPHAN, allant et venant, nerveusement.

Ah!...

LE DOCTEUR, tranquillement.

Une belle et bonne manie que ta raison condamne, mais
qu'elle est impuissante à combattre... Un homme se croit
le tonnerre!... Tu es aussi malade que lui!... Sous l'empire
de son idée fixe, il met le feu à sa maison... Toi, à ton ménage!... Où est la différence? — Il obéit à la tyrannie de son
idée, comme toi à la tienne!... Il ne voit pas les choses
telles qu'elles sont!... Toi non plus!... Tu as des moments
lucides... lui aussi!... Il a des hallucinations!... — et toi
donc? Est-ce que tu ne découvres pas chez Stella des per-
fections... parfaitement absentes?

STÉPHAN.

Ah! Dieu! la créature la plus séduisante!

LE DOCTEUR, froidement.

C'est ça!

STÉPHAN, irrité.

Mais!...

LE DOCTEUR.

Ah!... mais je ne discute pas, je constate, voilà tout!

STÉPHAN, ironique.

Bref!... Tu me conseilles?...

LE DOCTEUR.

La promenade, les bains?...

STÉPHAN, ironiquement.

Les distractions?...

LE DOCTEUR.

Et quinze jours d'abstention complète du théâtre, quand
on y danse!...

STÉPHAN.

Et je serai guéri?

LE DOCTEUR.

Non... mais en voie de l'être!... Et, en tout cas, plus
calmé!

STÉPHAN, exaspéré.

Tiens! va au diable avec tes remèdes!... Matérialistes
enragés, vous êtes odieux!... odieux!...

LE DOCTEUR, froidement.

Ça! c'est une crise...

STÉPHAN.

Des médecins de Molière!... Tous!...

LE DOCTEUR, de même.

Avec colère...

STÉPHAN.

Charlatan!...

LE DOCTEUR, de même.

Et injures!... Diable! tu es plus malade que je ne
pensais, toi!... (Applaudissements. — Rabnum entre vivement, cherchant
de tous côtés sans dire un mot, tandis que Stéphan et le docteur assistent à
cette recherche avec étonnement sans y rien comprendre. — Au fond, sur la
scène, les applaudissements redoublent. — Musique.)

SCÈNE XII.

Les Mêmes, RABNUM.

RABNUM, après avoir touché à deux ou trois objets de toilette,
finissant par mettre la main sur le bas de soie de Stella.

Ah ! un bas !

STÉPHAN, étonné.

Un bas ?

RABNUM, enchanté.

Un bas de soie !... oui !... de la Diva... J'ai mon affaire...
(Applaudissements.) C'est du délire ! (Il se sauve.)

STÉPHAN, raillant, au docteur.

Oui, encore de la folie, n'est-ce pas ?... Toute la salle ?

LE DOCTEUR, debout.

Parfaitement !... Folie collective !... Tous des fous !...

STÉPHAN.

Et toi aussi... mais de froideur !... (Il s'élance dehors comme les
autres, tandis que le bruit augmente.)

LE DOCTEUR, seul, tranquillement.

C'est un cas comme un autre !... (Il sort paisiblement derrière
lui.)

SCÈNE XIII.

ANDRÉA, seule, puis BIRSCHMANN.

ANDRÉA ; elle sort de derrière le paravent après s'être assurée
qu'elle est seule.

Et il partirait !... Oh ! non ! il l'a dit lui-même : c'est trop
indigne ! et trop lâche !... Ah ! cette femme ! Voilà donc ce
qu'il leur faut, le voilà !... (Applaudissements frénétiques.) Le
bruit !... l'éclat... qui flattent leur vanité !... Ah ! quelle

leçon!... et que vingt minutes passées dans cette loge
m'en ont appris sur la vie!... Que je t'arrache de cet
enfer, va!... Et tu ne diras plus de moi : « Pourvu qu'elle
s'amuse!... » Je te promets une vraie femme!... Et s'il
faut, comme l'a dit cette créature, que le mariage soit une
lutte!... Eh bien, sois tranquille, je lutterai!... Je lutterai
contre toi, parjure, infidèle, ingrat!... Je lutterai pour ton
salut et ton bonheur, contre tout et contre toutes!... Et
avec l'aide de Dieu... nous verrons bien si je ne suis pas
la plus forte!...

BIRSCHMANN, entrant et vivement.

Ah! toujours là, madame?... Eh bien?

ANDRÉA.

Eh bien, savez-vous à quoi il pense maintenant?... A
partir avec elle... cette nuit!

BIRSCHMANN.

Qui? monsieur le Comte?... Impossible!...

ANDRÉA.

Avec cette femme!... tout! tout... est possible!...

BIRSCHMANN.

Y penser! .. oui, mais le faire!... (Applaudissements.)

ANDRÉA.

Mais écoutez donc!... Voilà ce qui le grise et l'affole!...
Comment voulez-vous que cela ne le grise pas?...

BIRSCHMANN.

Moi, ça ne me ferait rien du tout!... Mais si madame la
Comtesse profitait pour partir... (Applaudissements.)

ANDRÉA.

Sans savoir ce qu'il décide?

BIRSCHMANN, effrayé.

Mais il va vous voir, madame! et moi aussi!...

ANDRÉA.

Je vous dis que je veux savoir !... Laissez-moi ! (Applaudissements.)

BIRSCHMANN.

Mais, madame !... (Les applaudissements redoublent, de la scène
gagnant la coulisse ; Andréa n'a que le temps de se jeter à l'écart à gauche,
cachée par les rideaux de la toilette.)

SCÈNE XIV.

ANDRÉA, BIRSCHMANN, RABNUM, STÉPHAN, BAL-
THAZAR, FRÉDÉRIC, REVEL, CRACOVERO,
WIDMER, LE DOCTEUR, LE CORPS DIPLOMA-
TIQUE, LES HABITUÉS, ACTEURS, ACTRICES, EM-
PLOYÉS, ETC., puis STELLA, SYLVINE, tous, dans le
couloir.

Agitation dans le couloir, bousculade, cris ; toute la loge est envahie ;
on monte sur les meubles, etc. Le vacarme ne cesse plus.

CRACOVERO, entrant effaré et s'essuyant le front.

Quel succès !... quel succès !

FRÉDÉRIC, arrivant et tombant épuisé sur le divan.

Je suis gris !... Oh ! ce Rabnum !... quel banquiste !

BIRSCHMANN.

Qu'est-ce qu'il a encore fait ?

FRÉDÉRIC.

Ah !... ce qu'il a fait !... Au moment où le rideau se rele-
vait pour la sixième fois, mon Rabnum s'élance sur le
théâtre, agitant un bas de soie et criant : « Un bas de la
diva !... Aux enchères !... Il y a acheteur à deux cents florins !... — Quatre cents, huit cents, quinze cents !... » Voilà
toute la salle debout, criant, hurlant !... Je l'ai laissé à trois
mille !...

5.

CRACOVERO.

Un bas de soie?...

BALTHAZAR, effaré, défrisé, décravaté, etc.

Déchiré?...

STÉPHAN, entrant plus grisé que les autres, en triomphateur.

Adjugé!...

TOUS.

Combien?

STÉPHAN, avec enthousiasme.

Quatre mille cinq cents au *Cavalier-Club!*... Ils l'ont tous déchiré et en portent les fragments à la boutonnière.

BALTHAZAR, enthousiasmé.

Ah! voilà comme je comprends l'art, moi! (Redoublement de bruit et de bravos. — Mouvement dans le couloir.)

TOUS.

Brava!... brava!... (Stella entre au bras de Rabnum. — Le délire augmente.)

RABNUM, au fond, au milieu des bravos.

Nous sommes prêts,... Mablou?

MABLOU.

Tout prêts!

RABNUM, d'une voix tonnante, dans un porte-voix.

Au couvert!

VOIX AU DEHORS.

Au couvert! (L'orchestre hors de scène attaque une marche.)

STÉPHAN, à Stella, seul à l'avant-scène avec elle, vivement.

Stella! quel bateau?

STELLA.

Le Centaure!

STÉPHAN.

L'heure?

STELLA.

Trois heures du matin!

STÉPHAN.

J'y serai!

ANDRÉA, à part, qui a tout entendu.

Oh!

STELLA, riant, à Andréa, qui est redescendue en scène,
tandis que Stéphan remonte comme un fou.

Eh bien, petite, tu vois! Profite! (Elle remonte vers le fond, où
tout le monde se range pour aller au grand couvert.)

ANDRÉA, seule à l'avant-scène avec Birschmann.

Oui, oui, je profiterai!... Merci!... Le chemin, Birschmann!... le chemin pour sortir d'ici!...

BIRSCHMANN.

Et madame la Comtesse va?...

ANDRÉA.

Je vais me défendre!

RABNUM, prenant le bras de Stella, au fond.

A table!

TOUS, leur faisant cortége, agitant leurs chapeaux, etc.,
et se précipitant vers les coulisses.

A table!... (Musique, applaudissements, etc.)

ACTE TROISIÈME

PREMIER TABLEAU.

La cabinet du directeur de la police. — Pièce de médiocre dimension, demi-circulaire. Boiseries de chêne, tenture verte. — Au premier plan, à gauche, porte d'appartement. — Au deuxième plan, cheminée de marbre noir. — Devant la cheminée, un garde-feu déployé, beaucoup de papiers brûlés, demi-brûlés, entre le foyer et le garde-feu. — Au fond, occupant la plus grande partie de la pièce, une grande bibliothèque, pleine de livres, dossiers, cartons; les vitrages sont pour la plupart garnis de rideaux de taffetas vert. — La vitrine de l'extrème gauche est une porte déguisée. — Au-dessus de la bibliothèque, bustes de bronze. — A droite, deuxième plan, pan coupé, porte de l'antichambre, que l'on voit, quand elle est ouverte, faiblement éclairée par une lampe et garnie de banquettes de chêne et cuir vert. — Au premier plan, un canapé. — Tableaux aux murs. — Au milieu, la table de travail, faisant face aux spectateurs; le fauteuil au delà. — Sous la table, deux paniers d'osier. — La pièce est éclairée par une grande suspension à deux lampes, garnie d'un large abat-jour vert. — De chaque côté de la lampe, sur la table un tube en caoutchouc : sonnette électrique. — La table est garnie de papiers, dessins, cartons, etc. — Canapé à droite, chaises, fauteuils, etc. — Tapis sombre. — La lampe et le feu sont allumés. — Le tout riche et sévère.

SCÈNE PREMIÈRE.

KAULBEN, KRAFT, huissier.

M. de Kaulben, en grande toilette de soirée, culotte courte, décorations, etc. Il entre par la droite, précédé d'un domestique; il remet son claque et son paletot sur un fauteuil. — Kraft, endormi au lever du rideau, se réveille brusquement et s'incline.

KAULBEN, retirant ses gants; après un silence, à demi-voix.

Rien de nouveau, M. Kraft?

KRAFT, sur le même ton.

Rien, monsieur le Baron!... Je prie monsieur le Baron de m'excuser, je m'étais endormi là... en attendant.

KAULBEN, souriant.

Je vois bien!... Du reste, il est près de minuit!... Alors, pas de visites?... pas de lettres?

KRAFT, lui présentant une lettre déposée sur un plateau.

Celle-ci seulement!...

KAULBEN, lisant la suscription.

« A monsieur le conseiller intime, baron Kaulben, directeur de la police... *personnelle!...* » Toujours... Je lirai cela plus tard. (Il descend et il jette la lettre sur la table.) Vous avez là quelques agents?...

KRAFT.

Oui, monsieur le directeur... Gogorin et Janoski!

KAULBEN.

Appelez Janoski!...

KRAFT, allant à la porte de droite et appelant du seuil, sans hausser la voix.

Janoski!

JANOSKI, paraissant sur le seuil.

Monsieur le directeur!...

KAULBEN, devant la cheminée, se chauffant les pieds.

J'arrive de l'Opéra, où les têtes se sont un peu échauffées!... Il y a souper de trois cents personnes! La garde est insuffisante!... Prenez vos mesures et faites votre rapport. Allez!... Et dites à Gogorin de rester ici toute la nuit. (Janoski s'incline et sort.) Vous pouvez aller vous coucher, Kraft... Je n'ai plus besoin de vous!

KRAFT.

Je me permets de souhaiter une bonne nuit à monsieur le Directeur.

KAULBEN, s'apprêtant à entrer chez lui, à gauche.

Bonsoir !

KRAFT, reparaissant sur le seuil où paraît Janoski.

Pardon ! monsieur le Baron...

KAULBEN, s'arrêtant sur le seuil de la porte.

Quoi ?

KRAFT.

C'est une dame !...

JANOSKI.

Voilée !...

KAULBEN.

Inconnue ?...

JANOSKI.

Tout à fait... mais d'apparence jeune et distinguée.

KAULBEN, contrarié.

Allons, quelque diable d'histoire !... Faites entrer ! (Janoski disparaît.) J'aimerais pourtant bien à dormir. — Ne vous éloignez pas, Kraft ; il se peut que j'aie besoin de vous... (Thècle entre, introduite par Janoski, qui se retire avec Kraft.)

SCÈNE II.

KAULBEN, THÈCLE, couverte d'une grande sortie-de-bal, et voilée à n'y rien voir.

THÈCLE, après un regard autour d'elle.

Monsieur le directeur, nous sommes seuls...

KAULBEN.

Oui, chère Baronne.

THÈCLE, levant son voile.

Vous m'avez reconnue ?... Oh ! cet œil de la police ?

KAULBEN.

Prenez donc la peine de vous asseoir...

THÈCLE, indiquant la gauche.

Au moins personne par-là... n'écrit ce que je dis?...

KAULBEN, protestant.

Par exemple!

THÈCLE, inquiète.

C'est qu'il y a des bruits sur ce fameux cabinet!

KAULBEN, allant prendre une chaise à gauche de la table
et la plaçant près du fauteuil de la baronne.

Des légendes!... Voyons, asseyez-vous... — Et n'oubliez pas que c'est à l'ami que vous parlez, et pas au Directeur de la police... (Il s'assied.) Qu'y a-t-il[1]?

THÈCLE.

Il y a, mon ami, que sans vous, je suis perdue!

KAULBEN.

Perdue?

THÈCLE, voilant ses yeux avec confusion.

Oh! comme il va me mépriser, mon Dieu!

KAULBEN.

Mais, non!

THÈCLE.

Oh! si! — Enfin, on est ici comme chez son médecin, n'est-ce pas?... Il faut tout dire?

KAULBEN.

Naturellement!

THÈCLE.

Et puis, je n'en suis qu'au prélude, heureusement!...

KAULBEN.

Oh bien, alors!... Il s'appelle?

THÈCLE.

Vous devinez qu'il s'agit d'un homme?

1. Thècle, Kaulben.

KAULBEN.

Parbleu!

THÈCLE.

Oh! cet œil de la police!... Comme celui de Dieu!

KAULBEN, insistant.

Nous disons donc que son nom?

THÈCLE, d'une voix faible.

C'est un étranger!

KAULBEN, dressant l'oreille.

Celui qui, tout à l'heure, à l'Opéra... dans votre loge?...

THÈCLE.

A côté de mon mari, oui!...

KAULBEN, vivement.

Cracovero?

THÈCLE.

Le général, oui.

KAULBEN.

Ah! sa... bretache!...

THÈCLE.

Vous le connaissez?...

KAULBEN.

Un peu... oui!

THÈCLE.

Quelle âme! n'est-ce pas?... quel feu!... Avouez qu'une femme est bien excusable de se passionner pour un homme de cette trempe!

KAULBEN.

Hum!

THÈCLE.

Il m'a fascinée, ce héros!... Que voulez-vous? je l'ai aimé!...

KAULBEN.

Mais vous m'avez assuré que rien?...

THÈCLE.

Oh! sur la tête de ma mère, rien... encore!

KAULBEN, rassuré.

Bon!

THÈCLE.

J'en suis à ma première lettre!... une lettre pleine d'in-
nocence, mon ami... où je lui donne un premier rendez-
vous, demain, chez lui... ainsi vous voyez?

KAULBEN.

Pur enfantillage!... Et cette lettre?

THÈCLE.

Mais voilà le désastre... le voilà!... Cette lettre, je l'écris,
chez moi... et je la serre dans mon gant, pour la lui glis-
ser dans un entr'acte...

KAULBEN.

Oui!

THÈCLE.

La fatalité veut que le Baron, qui souffre de sa goutte, ne
quitte pas sa loge de toute la soirée... si bien qu'à la fin du
spectacle seulement, et au moment de partir, je tire le
billet de mon gant, et je le fourre dans mon manchon, que
j'oublie exprès sur une chaise... en faisant au Général un
geste très-significatif... (Faisant le geste et montrant son manchon
qu'elle a déposé près d'elle, sur le canapé.) là!... là!...

KAULBEN.

Bien!

THÈCLE.

En sortant, je me tourne vers le Général et je lui dis, du
ton le plus naturel: « Ah! Général, pardon,... mon manchon,
s'il vous plaît, que j'ai oublié dans la loge? — Mais, madame,
me dit-il, en revenant, il n'y a pas de manchon! — Mais

si ! — Mais non ! » Je me précipite dans la loge, malgré le Baron qui maugrée... Plus de manchon !... disparu !... volé !

KAULBEN.

Ah ! ah !

THÈCLE.

Vous voyez mon épouvante ... Ce manchon perdu... avec une lettre de moi !...

KAULBEN.

Signée ?...

THÈCLE.

Mon petit nom !

KAULBEN.

Quelle faute !

THÈCLE.

Ah ! soyez tranquille... une autre fois !... — Je cherche !... L'ouvreuse cherche !... Nous bousculons tout !... Rien !... « Eh ! madame, s'écrie le Baron impatienté, que d'affaires pour un manchon perdu... Partirons-nous ?... » Le Général nous quitte !... Nous revenons à l'hôtel... Je rentre dans ma chambre... à demi folle... et j'y trouve... quoi ?... Mon manchon... et ceci dedans !...

KAULBEN.

Ce billet ?...

THÈCLE.

Lisez !

KAULBEN, prenant le billet.

Au crayon... feuille de carnet... écriture déguisée... (Lisant.) « Demain... en voiture de place... seule, à sept heures du matin, au rendez-vous de chasse du Prater... Passer par la portière cinq mille florins... billets de banque... lettre en échange... Si midi, pas argent... une heure, la lettre au Baron ! »

THÈCLE, désespérée, debout.

Perdue !... vous le voyez !... Ces cinq mille florins je ne

les ai pas !... à moins de les demander au Baron... et à cette heure-ci... un homme qui a la goutte !...

KAULBEN.

Et puis, vous auriez bien tort de les donner.

THÈCLE.

Mais si je ne les donne pas... ma lettre ?...

KAULBEN, souriant.

Nous l'aurons... et à meilleur compte.

THÈCLE.

Vous ferez cela ?... O mon ami ! que je vous embrasserai !...

KAULBEN, de même, remontant pour aller sonner.

Vous m'embrasserez !... mais, en attendant, chère madame.... voilez-vous. (La baronne rabat son voile et passe à gauche.)

KRAFT, entrant sans bruit.

M. le Directeur a sonné ?

KAULBEN.

Faites entrer Gogorin et apportez-moi le dossier du nommé Cracovero ! (Kraft s'incline et sort.)

THÈCLE.

Son dossier ?... Ses états de service ?

KAULBEN, assis à la table.

Oui !...

THÈCLE.

Ah ! ce doigt de la police !... celui de la Providence !
(Une porte de la bibliothèque s'ouvre mystérieusement, et Gogorin en sort. Kraft rentre au même instant et pose un dossier sur la table.

Il en a partout !...

KAULBEN, qui a écrit pendant ce temps sans se retourner, à Gogorin.

Tenez !... Deux hommes avec vous, cette nuit, et ceci exécuté à la lettre ! (Gogorin prend l'écrit et sort comme il est venu.

— Kraft disparaît par la droite. Prenant le dossier que Kraft a déposé sur la table, et toujours assis.) Maintenant, Baronne... avant de nous quitter et pour la moralité de la chose, prêtez l'oreille à ceci, je vous prie!

THÈCLE, assise à gauche de la table [1].

Le dossier?

KAULBEN.

Oui! (Il lit.) « Estevan *Cracovero*... Autrement dit de son vrai nom... *Polydore Michat*... (Marque de stupeur de la Baronne qui va croissant, à mesure qu'il lit.) ou : *Romanowski*... ou : *de Saint-Aiglon*... mais plus vulgairement connu sous le nom de *Petit-Salé!*... »

THÈCLE, se récriant.

Petit-Salé!

KAULBEN, continuant à lire tranquillement.

Fils naturel d'un marchand de vin des Batignolles. »

THÈCLE.

En Amérique?

KAULBEN.

Non!... France!... département de la Seine... (Continuant à lire.) « Condamné une première fois en 57... »

THÈCLE.

Hein?...

KAULBEN.

« Part pour la Californie en 62... reparaît en 66 à Paris... où deuxième condamnation pour port illégal de décorations... avec usurpation de titres : et troisième, en 68, pour affiliation à une maison de jeu clandestine... Fait son temps et disparaît de nouveau! On le croit à Vienne... » (il y est, vous voyez!) « accompagné de la fille Eulalie Pitois, sa complice!... »

---

1. Thècle, Kaulben.

THÈCLE, atterrée.

Dieu puissant!... Juste Dieu!... Et ses campagnes?...

KAULBEN.

Les voilà! — Maintenant votre cas est limpide : le manchon était dans la loge, le général *Petit-Salé*, averti par vous-même de la présence de la lettre, l'a prise, a caché le manchon, n'importe où, et vous a dit : « Il n'y a rien!... » Ce petit mot au crayon, c'est lui-même qui l'aura dicté. Et qui viendra chercher l'argent demain?... — Eulalie Pitois!... Tandis que *Petit-Salé* restera, du tout, blanc comme neige... et prêt à recommencer.

THÈCLE.

Tissu d'horreurs!... Et vous espérez?...

KAULBEN.

A trois heures du matin, je fais réveiller ce couple à son domicile... on leur demande poliment votre lettre, qu'ils livrent sans difficulté, et on leur donne une heure pour faire leurs malles... Je suis fâché de perdre le Général; il me rendait ici quelques services... Mais enfin, il me les rendra ailleurs!

THÈCLE, avec joie.

Et je ne le verrai plus?

KAULBEN.

A moins que vous ne couriez après lui!...

THÈCLE.

Oh! Dieu!

KAULBEN.

Sur ce, allez dormir, chère Baronne, et demain matin ne manquez pas d'aller à la messe de sept heures, faire un acte de contrition... Une femme vous demandera l'aumône à la porte de l'église, en vous remettant un petit papier...

THÈCLE, vivement.

Qui sera?...

KAULBEN.

Votre lettre!

THÈCLE, radieuse.

Ah! directeur de mon cœur!... tant pis! je vous embrasse! (Elle lui saute au cou.)

KAULBEN, souriant.

Ce n'est qu'un à-compte?...

THÈCLE, traversant à droite.

Oh! oui! — Ah! que je vais dormir tranquillement!

KAULBEN, allant ouvrir la porte de droite.

Bonsoir!... Et plus de général exotique?

THÈCLE.

Oh! personne!

KAULBEN, riant.

Oh!... c'est trop !

THÈCLE, rabattant son voile; sur le seuil et lui tendant la main.

A moins, dame, d'être tellement!... tellement sûre!... n'est-ce pas?... (Elle sort.)

KAULBEN, riant.

C'est ça!... (Seul.) Et voilà tout le profit de la leçon!... (Redescendant, en regardant sa montre.) Ah çà! je vais me coucher, moi... (Il va pour rentrer chez lui.)

KRAFT, rentrant.

Monsieur le directeur?

KAULBEN.

Quoi?

KRAFT.

C'est une autre dame!

KAULBEN.

Encore?

KRAFT.

Voilée aussi.

KAULBEN.

Au diable!... Qu'elle vienne demain!... Je dors!... (Mouvement pour rentrer chez lui.)

KRAFT, insistant.

C'est qu'elle a l'air bien pressée...

KAULBEN, même jeu, allumant son bougeoir.

Demain!... demain!

KRAFT.

Voici sa carte!

KAULBEN, à lui-même.

La comtesse de Tœplitz. (Haut.) Je connais le nom, mais c'est tout.

KRAFT.

Elle a l'air bien intéressant...

KAULBEN, impatienté, soufflant son bougeoir.

Allons, voyons, qu'elle entre!... (Kraft sort.) Encore quelque général espagnol!...

SCÈNE III.

KAULBEN, ANDRÉA.

ANDRÉA, timidement.

Monsieur, je vous demande bien pardon...

KAULBEN, un peu raide.

Il est un peu tard, en effet, madame, pour une visite.

ANDRÉA.

Oh! monsieur, croyez bien que si j'ose me présenter à

cette heure, c'est que le cas est urgent... (Très-émue.) Je ne puis pas attendre, monsieur... je ne puis pas, je vous le jure!

KAULBEN, avançant un fauteuil.

Voyons, madame! (A part.) Il a raison, ce Kraft, celle-ci est intéressante... (Doucement, en la faisant passer devant lui.) Madame, je vous en prie, asseyez-vous! (Il lui désigne le fauteuil), et rassurez-vous... Il s'agit[1]?...

ANDRÉA, toute tremblante, tombant assise.

Ah! monsieur, il s'agit de me sauver!... Et si vous me refusez votre appui...

KAULBEN, tirant à lui un pouf qui est sous la table et s'asseyant, à part.

C'est ça!... autre général!... (Haut.) Eh bien, madame, voyons donc de quoi il est question... et que je soupçonne un peu... j'en ai peur.

ANDRÉA, surprise.

Ah!

KAULBEN, un peu narquois,

Oh! mon Dieu! nous sommes si habitués à ces sortes de choses... vous êtes mariée, madame la Comtesse?

ANDRÉA.

Oui, monsieur... hélas! oui!...

KAULBEN.

Et il s'agit de détourner... quelque orage qui vous menace... du côté de votre mari?...

ANDRÉA.

Oui, monsieur; ah! oui, c'est bien cela...

KAULBEN, dont le ton devient insensiblement plus léger.

Nous disons donc, que par suite de quelque imprudence, quelque légèreté?...

1. Kaulben, Andréa.

ANDRÉA.

Pis que cela, monsieur !

KAULBEN.

Ah ! les choses en sont au point ?...

ANDRÉA.

Au dernier point, monsieur !... Il va partir !...

KAULBEN.

Il ?...

ANDRÉA.

Oui, monsieur... mon mari !...

KAULBEN, un peu surpris.

Eh bien, mais alors, tant mieux, laissez-le faire !

ANDRÉA.

Que je le laisse faire !

KAULBEN, légèrement.

Sans doute !... vous serez bien tranquille après !

ANDRÉA.

Mais je ne demande pas à être tranquille, monsieur !...
Je ne peux pas vivre sans lui !... j'en mourrais !

KAULBEN.

Hein ?

ANDRÉA.

Mais, monsieur... je l'adore !

KAULBEN, debout.

Votre mari ?... Ah bah ! Et moi, qui ?... (Changeant tout à fait
de ton.) Ah ! mille pardons, madame, c'est tout différent...
(Avec empressement.) Prenez donc la peine de vous asseoir ici,
madame... (Il fait rouler le canapé au milieu de la pièce.) Vous serez
mieux !... bien mieux !

ANDRÉA.

Monsieur !

KAULBEN, vivement et de même.

Je regrette beaucoup!... Si j'avais su!... Une femme qui aime son mari... Il m'en vient si rarement dans ces conditions... Mais, parlez, de grâce!... Tout mon dévouement est à vos pieds!... Nous disons donc, madame... que l'infidèle, probablement?... le traître?... car cette fois-ci, c'est lui... n'est-ce pas?

ANDRÉA, s'asseyant sur le canapé.

Hélas! monsieur.

KAULBEN.

Très-bien!... Je veux dire... très-mal!... Et il est sur le point de partir... avec quelqu'un, peut-être?

ANDRÉA.

Une actrice! monsieur!... une danseuse!

KAULBEN.

La Stella?

ANDRÉA, exaspérée.

Oui, monsieur, oui, la Stella!... oui, la Stella!

KAULBEN, la regardant avec admiration dans son mouvement de colère.

L'imbécile!... (Se reprenant.) Pardon! je veux dire... (Se reprenant encore, à lui-même.) Si, c'est bien ça que je veux dire! (Haut.) Mais êtes-vous sûre?...

ANDRÉA.

Ah! monsieur!... Je sors de la loge de cette femme!... où j'ai passé la soirée, déguisée en ouvrière!...

KAULBEN.

Déguisée?...

ANDRÉA.

Pour savoir!...

KAULBEN, rapprochant le fauteuil du canapé.

C'est superbe!... Ah! madame!... Ah! que je suis donc

heureux de faire votre connaissance!... (A lui-même.) Voilà une femme!... Déguisée!... A la bonne heure!... (A Andréa.) Ainsi, madame, déguisée?...

ANDRÉA.

J'ai écouté ce qu'ils disaient entre eux!

KAULBEN.

Bien!...

ANDRÉA.

Et voilà comment j'ai su que depuis trois mois il lui fait une cour inutile; mais qu'elle a mis pour prix à ses bontés, qu'il partirait cette nuit avec elle!...

KAULBEN.

Parfait!... admirable!... Et il consent?

ANDRÉA.

Oui, monsieur!... Alors, la tête perdue, vous comprenez, voyant le temps qui presse!... car c'est à trois heures, cette nuit, le départ!... n'étant pas encore sûre qu'il rentrera chez lui... et d'ailleurs ne m'abusant pas sur l'empire que je puis avoir sur son esprit, au point d'égarement où je le vois... je me suis dit qu'il n'y avait qu'une personne au monde qui pût me venir en aide... Et c'est vous, monsieur, qui ne refuserez pas votre appui à une œuvre comme la mienne!... Une femme qui ne veut pas qu'on lui vole son mari!... Mais c'est bien naturel, cela, c'est légitime!... monsieur!... C'est sacré!...

KAULBEN, avec chaleur.

Oui, madame!... oui, c'est sacré!... oui!...

ANDRÉA, avec joie.

Ah!... vous l'empêcherez de partir?

KAULBEN, vivement.

Si je?... (S'arrêtant.) Mais c'est que... pardon!... ce n'est pas pratique du tout, ce que vous demandez là!

ANDRÉA.

Vous qui pouvez tout!... Vous, la justice?... Vous la loi!

KAULBEN.

Précisément, c'est que la loi n'a pas prévu ce cas-là!...

ANDRÉA.

Alors qu'est-ce qu'elle prévoit?... Qu'est-ce qu'elle fait?...
A quoi est-elle bonne?

KAULBEN.

Mais...

ANDRÉA, sans l'écouter.

Mais, c'est affreux, cela, monsieur, vous en conviendrez!...
Si je voulais quitter mon mari, moi... aurait-il le droit de
me retenir?

KAULBEN.

Certes!

ANDRÉA.

Et je ne puis pas l'empêcher de partir avec une autre?

KAULBEN.

Non!

ANDRÉA.

Et vous trouvez cela juste?

KAULBEN.

Je trouve cela absurde... mais il y a tant de choses comme
ça!...

ANDRÉA.

Et vous le laisserez?...

KAULBEN.

A regret; mais je n'y puis rien! — Votre mari, comme
chef de la communauté, a le droit d'aller, venir, courir,
voyager où il lui plaira...

ANDRÉA.

Sur le même bateau que...?

KAULBEN.

Il part en même temps que cette dame, voilà tout!

ANDRÉA, désespérée.

Ah! mon Dieu! mon Dieu!

KAULBEN, se levant, allant et venant à gauche.

Ah! c'est diabolique évidemment!... L'arrêter, vous comprenez, je n'ai qu'un mot à dire!...

ANDRÉA, vivement.

Eh bien, alors?

KAULBEN.

Mais, c'est illégal et despotique au premier chef! (Il remonte.)

ANDRÉA.

Qu'est-ce que cela fait?

KAULBEN, derrière le fauteuil, se retournant et descendant.

Ah! ce que ça fait?... On est déjà bien assez disposé à trouver que nous faisons abus de notre autorité!.. Arrêter un citoyen dans l'exercice de son droit de déplacement, sans motif... sans raison valable!...

ANDRÉA.

Mais si!... Il abandonne sa femme!...

KAULBEN.

Ce n'est pas un motif!...—Ah! s'il avait seulement commis un petit crime... ou même un simple délit!...

ANDRÉA.

Lui?...

KAULBEN, allant à elle.

Oui, cherchez bien, voyons!... Il n'aurait pas commis pour cette femme quelques petits...

ANDRÉA, se récriant.

Oh! monsieur, mon mari est le plus honnête homme du monde.

6.

KAULBEN, se grattant l'oreille.

C'est bien malheureux!... Nous le tenions!... (Avec une idée subite.) Il n'est pas dans les affaires?...

ANDRÉA.

Non, monsieur!

KAULBEN, allant et venant.

Tant pis!... Dans les affaires, il y a toujours quelques petites choses... Ah! attendez!... Il ne vous aurait pas un peu... maltraitée?...

ANDRÉA, l'arrêtant.

Lui!... ah!...

KAULBEN.

Non!... c'est désolant!... On ne trouve rien!

ANDRÉA, d'une voix altérée, se levant.

Alors, je suis perdue?...

KAULBEN.

Que voulez-vous, aussi : je ne peux pas arrêter un homme pareil... Il a toutes les vertus!...

ANDRÉA.

Ah!... certainement!... A part cette folie qui le tient!...

KAULBEN, dressant l'oreille.

Hein!... vous dites?...

ANDRÉA, désespérée.

Ah! je dis que ce docteur avait raison! Cette fille l'a fasciné, grisé!... Il ne sait plus ce qu'il fait, il est fou!

KAULBEN, vivement.

Un médecin vous a dit?...

ANDRÉA.

Celui du théâtre!...

KAULBEN, avec joie, allant à elle.

Basilos?

ANDRÉA.

Je ne sais!

KAULBEN.

Mais allons donc!... dites-le donc!... Mais voilà, voilà l'affaire!...

ANDRÉA.

Comment?

KAULBEN, courant à sa table, et écrivant vivement, debout.

Nous le tenons!... Et c'est légal!... Le médecin... son rapport!... mandat!... Il ne part pas, et vous êtes sauvée!

ANDRÉA, avec joie, debout.

Il ne part pas?

KAULBEN.

Je l'arrête!...

ANDRÉA, saisie, lui retenant le bras.

Vous l'arrêtez?

KAULBEN, même jeu pour écrire.

Tout à l'heure! et je l'enferme.

ANDRÉA, de même.

En prison?

KAULBEN.

A peu près!... dans une maison de santé!

ANDRÉA, même jeu.

Comme?...

KAULBEN.

Comme fou!.

ANDRÉA.

Lui!.

KAULBEN.

Parfaitement!

ANDRÉA.

Mon Stéphan!... — Mais il n'est pas fou!

KAULBEN.

Vous venez de le dire!...

ANDRÉA.

Mais c'est une façon de parler!...

KAULBEN, mouvement pour sonner.

C'est surtout une façon d'en sortir!...

ANDRÉA, lui retenant le bras.

Mais... je ne veux pas qu'on l'arrête, moi!...

KAULBEN, redescendant.

Oh! bien, madame, s'il faut l'arrêter, sans l'arrêter, et qu'il s'arrête sans qu'on l'arrête... Que diable aussi!

ANDRÉA, émue.

Mais c'est horrible cela, monsieur.

KAULBEN, cherchant doucement à la convaincre.

Mais, non!... mais non, je vous assure!

ANDRÉA, prête à pleurer.

Mais des agents?

KAULBEN.

Si polis, madame!... Si vous saviez comme ils sont polis...

ANDRÉA, montrant ses poignets et murmurant à peine le mot.

Des menottes?...

KAULBEN, vivement.

Fi donc!... une voiture seulement!... une *bonne* voiture! bien suspendue!... nous y mettrons une douceur!

ANDRÉA.

Et vous le conduirez?...

KAULBEN.

A la maison centrale! (Mouvement d'Andréa, il continue vivement.) Des soins, un confort! Il sera là comme chez lui!...

ANDRÉA.

Avec des fous?

KAULBEN.

Ah! mon Dieu, comme partout ailleurs!

ANDRÉA.

Enfermé?...

KAULBEN.

Vingt-quatre heures!... pas plus .. Le temps de laisser filer cette étoile!

ANDRÉA.

Ah! monsieur, mais c'est horrible ce que vous me proposez là!... Une femme faire arrêter son mari!... Mais je suis un monstre alors!

KAULBEN.

Mais je ne trouve pas!...

ANDRÉA.

Si! si! c'est atroce!... Je ne peux pas faire cela!... Je ne peux pas, monsieur, je ne peux pas!

KAULBEN.

Mais ce n'est pas vous qui le faites!... c'est moi!

ANDRÉA.

A ma demande?...

KAULBEN, remontant vers la table.

Malgré vous, si vous voulez!

ANDRÉA, même mouvement pour l'arrêter de nouveau.

Non! non, trouvez autre chose, je vous en prie!

KAULBEN.

Mais il n'y a rien, madame... c'est jugé : ça, ou rien!

ANDRÉA.

Oh! mon Dieu!

KAULBEN, appuyé sur le dossier du fauteuil.

Décidez, je vous en conjure; car il se fait tard!... Est-ce *oui* ou *non?*

ANDRÉA.

Non!

KAULBEN, saluant, en se dirigeant vers la porte de sortie
pour la lui ouvrir.

Alors, madame!...

ANDRÉA, suppliante.

Monsieur!...

KAULBEN.

Mais nous n'avons plus rien à nous dire, permettez-moi... (Même mouvement vers la porte.)

ANDRÉA, désespérée.

Vous m'abandonnez?

KAULBEN.

A regret!

ANDRÉA.

Et il partira... avec cette femme?

KAULBEN.

Nécessairement!

ANDRÉA.

Ah! mon Dieu! que faire?... (Pleurant.) Je vous en supplie, monsieur, ne me renvoyez pas ainsi!... Je vous en conjure! à genoux!... (Elle tombe sur le fauteuil.)

KAULBEN, ému.

Eh bien, madame, voyons!... (A part.) Elle est vraiment intéressante. (Haut.) Je comprends vos scrupules... après tout!...

ANDRÉA, vivement.

N'est-ce pas, monsieur?...

KAULBEN.

Sans doute !... Ne pleurez pas, je vous en prie !... C'est vif ce que je vous offre... un peu vif, j'en conviens... mais enfin, c'est pour son bien !...

ANDRÉA.

Sans doute !

KAULBEN.

Et pour le vôtre : car il vous en sera lui-même si reconnaissant, plus tard !...

ANDRÉA, essuyant ses yeux.

Ah ! si j'étais sûre...

KAULBEN.

Permettez, voici ce que je vous propose...

ANDRÉA.

Oui, monsieur... (A elle-même.) En prison !

KAULBEN.

Vous allez !... Vous ne m'écoutez pas ?...

ANDRÉA.

Si ! monsieur, si !

KAULBEN.

Vous allez, madame, rentrer chez vous...

ANDRÉA.

Oui, monsieur...

KAULBEN.

Trois agents, à moi... (Mouvement d'Andréa. Vivement.) de confiance, bien élevés, aimables !... Si vous saviez comme ils sont aimables. Trois (Soulignant le mot.) *gens* de confiance vont se poster sous vos fenêtres, avec une voiture...

ANDRÉA.

Oui, monsieur !

KAULBEN.

Votre mari va rentrer...

ANDRÉA.

Et s'il ne rentre pas?

KAULBEN.

Il rentrera... Vous ferez auprès de lui, pour le retenir, toutes les tentatives possibles... *toutes!*... pour le retenir.

ANDRÉA.

Oui, monsieur !

KAULBEN.

Ou vous réussirez, et mes agents, voyant les lumières éteintes... vont se coucher à leur tour...

ANDRÉA.

Ah! Dieu, si j'espérais!...

KAULBEN.

Espérons, madame, espérons!... Ou vos efforts sont vains,... il vous quitte, il descend... il part!... et alors résolue, comprenant que de votre décision dépend le sort de toute votre vie... vous faites à mes hommes un signal convenu... par exemple, une lumière... à la fenêtre!... Il est entouré... chapeau bas... on l'enlève!

ANDRÉA, se levant vivement.

Oh !

KAULBEN.

Doucement, gentiment... en amis !...

ANDRÉA, après un silence.

Ah! monsieur... comment vous dire?...

KAULBEN.

Ne dites rien, madame, et réfléchissez... Bientôt une heure, le *Centaure* lève l'ancre à trois heures, c'est deux heures devant vous...

ANDRÉA, effrayée, passant à droite.

Deux heures!... seulement!

KAULBEN.

Pour une femme comme vous, madame, c'est assez !...
Enfermez-le dans vos bras; cette prison-là vaudra mieux
que l'autre.

ANDRÉA, ramassant ses forces pour prendre congé de lui.

Oui, monsieur, oui, j'essayerai... car l'autre moyen est
trop affreux !... Ah! si je pouvais lui faire oublier l'heure !...

KAULBEN.

Espérons, madame, espérons!... Mais au pis-aller,
n'est-ce pas?... le signal !...

ANDRÉA.

Ah! monsieur, quoi qu'il arrive cette nuit, croyez que
je vous serai éternellement reconnaissante de ce que vous
voulez bien faire pour moi!

KAULBEN, après avoir sonné.

C'est moi, madame, qui vous saurai gré toute ma vie
d'avoir fait entendre ici un langage d'honnête femme,
auquel ces tristes murs ne sont guère habitués. Votre présence a purifié l'air du logis... Voulez-vous me permettre,
madame la Comtesse, de vous offrir mon bras jusqu'à votre
voiture?... (Kraft paraît sur le seuil de la porte.)

ANDRÉA.

Je vous remercie, monsieur; j'ai là une personne qui
m'attend dans l'antichambre.

KAULBEN.

Au revoir donc, madame,... si par malheur !...

ANDRÉA.

Ah! monsieur, le ciel veuille que ce soit : *Adieu!*

KAULBEN.

J'en serais aussi ravi pour vous, madame, que désolé

7

pour moi!... Éclairez madame! (Andréa rabat son voile, Kraft s'efface pour la laisser sortir, et s'incline très-profondément.)

ANDRÉA.

Merci, monsieur!... (Tristement sur le seuil.) J'essayerai! (Kaulben s'incline sans répondre. Elle sort.)

SCÈNE IV.

KAULBEN, puis GOGORIN.

KAULBEN, il appelle par le tube, puis écrit vivement.

Pauvre femme!... (Gogorin sort de la bibliothèque.) Gogorin, exécutez ceci lestement, et allez! (Seul, avec satisfaction.) Ah! cette fois-ci, j'irai dormir!... (Il va pour entrer chez lui.)

KRAFT, mystérieusement.

M. le directeur!... il y encore là dans le petit cabinet!... (Il désigne le mur derrière lui.)

KAULBEN.

Une dame?...

KRAFT.

Voilée...

KAULBEN, allant à sa porte.

Toujours!... Ah!... au diable!

KRAFT, à demi-voix.

Cette personne dit être attendue...

KAULBEN, baissant la voix, vivement.

Ah! oui!... Faites entrer chez moi! (Kraft s'incline silencieusement et sort. — A lui-même.) C'est ma foi vrai!... je l'oubliais!... Il entre chez lui; Kraft rentre dans la bibliothèque. Changement de décor.)

DEUXIÈME TABLEAÙ.

Un petit salon. — Au fond, porte d'entrée. A droite, pan coupé, grande fenêtre, et au premier plan, cheminée. — A gauche, premier plan, porte d'Andréa. — Deuxième plan, pan coupé, porte de Stéphan. Du même côté, canapé. — A droite, guéridon et fauteuil.

SCÈNE PREMIÈRE.

STÉPHAN, BALTHAZAR, FRÉDÉRIC, JOSÉPHA.

Stéphan entre par le fond. Au même instant Josépha paraît sur le seuil de la porte de Stéphan avec le chapeau et la pelisse de sa maîtresse.

STÉPHAN, par le fond, et à la vue des objets portés par Josépha.

Madame est rentrée?...

JOSÉPHA, déposant les objets et allant pour prévenir sa maîtresse.

Oui, monsieur; faut-il?...

STÉPHAN.

Non! non!... Appelez Rodolphe. (Il pousse la porte de sa chambre où il entre. Cette porte reste ouverte pendant ce qui suit. Josépha, laissant les objets de toilette au fond sur un fauteuil, sort pour aller prévenir Rodolphe, après l'entrée de Frédéric et de Balthazar.)

FRÉDÉRIC, entrant avec Balthazar.

Voyons, voyons, Tatar...

BALTHAZAR, gris et donnant le bras à Frédéric qui le soutient. Ils entrent par le fond, derrière Stéphan.

Je te dis que je veux lui parler... il le faut!... Très-important... Quel souper!... Oh! ça, pour un crâne souper!... voilà un crâne souper!

FRÉDÉRIC.

Dis donc, tu es gris,... toi?

BALTHAZAR, assis sur le canapé.

Moi, jamais gris!... (Riant.) Jamais gris, Tatar, jamais...
Qu'est-ce que je voulais lui dire, mon Dieu?...

FRÉDÉRIC.

Va te coucher, va!...

BALTHAZAR, trouvant.

Ah!... As-tu vu Noémie en page?... l'as-tu vue?

FRÉDÉRIC.

Non!

BALTHAZAR, désolé.

Ah! mon Dieu!... il ne l'a pas vue!... (Pleurant.) Ah!..
quel malheur!... quel affreux malheur!...

FRÉDÉRIC, le consolant, par derrière le canapé, et le relevant,
la figure baignée de larmes.

Tatar!... tu es absolument gris, mon bonhomme! viens
te coucher, allons!

BALTHAZAR, se relevant d'un air menaçant et lançant son poing
dans le vide.

Peut-être!...

FRÉDÉRIC.

Oh! oh!

STÉPHAN, rentrant, avec un bougeoir et des papiers
qu'il serre dans le secrétaire au fond..

Eh! qu'est-ce qu'il fait là..., cet imbécile?... Et pourquoi
est-il monté?...

BALTHAZAR.

Cet imbécile!... il me nomme!...

FRÉDÉRIC, allant lui prendre le bras..

Oui; allons, bonsoir!

BALTHAZAR, croisant son habit d'un air de défi.

Une insulte!... Alors, c'est une affaire!...

FRÉDÉRIC.

C'est entendu!... On se battra!

STÉPHAN, descendant jusqu'à lui avec ses papiers.

Allons! allons!... va te coucher, idiot! il est près de deux heures..., et la voiture est en bas.

BALTHAZAR.

Ça! c'est une raison!... J'admets ses raisons!

FRÉDÉRIC, le soutenant.

Allons!... filons!...

BALTHAZAR, avec dignité.

Je m'en vas!...

STÉPHAN remonte et parle à Rodolphe, qui paraît sur le seuil de la chambre avec une valise qu'il lui présente, comme pour lui demander si elle lui convient.

C'est ça! — va-t'en.

BALTHAZAR, se retournant, prêt à sortir.

Où disons-nous que je m'en vas?

FRÉDÉRIC.

Chez toi!

BALTHAZAR.

Chez moi... bon! (Même jeu, redescendant d'un pas.) Où est-ce que c'est chez moi?

FRÉDÉRIC.

Bon!... il a oublié son adresse!

BALTHAZAR.

J'ai oublié mon adresse... voilà tout!

FRÉDÉRIC.

Le cocher la sait..., je vais te faire descendre l'escalier.
(A Stéphan.) Bonne nuit! (Il fait derrière Balthazar un demi-cercle, en lui prenant le bras.)

STÉPHAN.

Bonsoir!

FRÉDÉRIC.

Une... deux... marche!...

BALTHAZAR, sortant fièrement, soutenu par Frédéric.

Jamais gris!... Tatar! jamais !

SCÈNE II.

STÉPHAN, regardant l'heure, puis écrivant.

Il s'agit de quitter la maison avant qu'elle sache que je suis rentré... Je n'aurais jamais su comment lui dire... tandis que cette lettre!... Quinze jours d'absence, tout au plus!... (Il ferme la lettre.) Ah! certes oui!... tout au plus... Voyons, placée ici, elle ne peut manquer d'attirer ses regards!... (Il traverse et va placer la lettre devant la pendule, sur la cheminée. Au même instant, Andréa sort de chez elle en déshabillé du soir.)

SCÈNE III.

STÉPHAN, ANDRÉA.

STÉPHAN.

Elle!... (Il retire vivement sa lettre qu'il met dans sa poche.)

ANDRÉA, souriante et de l'air le plus naturel.

Tiens!... tu es rentré?

STÉPHAN, composant son visage et allant à elle.

Oui, tu vois!... Tu n'es pas couchée?

ANDRÉA.

Sans t'embrasser!... par exemple!... Je n'ai pris que le temps de passer une robe de chambre... et, je vous attendais, monsieur, pour vous souhaiter le bonsoir!... (Elle va à lui, tout à fait.)

STÉPHAN, l'embrassant.

Ou le bonjour, car il va être deux heures du matin.

ANDRÉA.

Déjà!

STÉPHAN.

Mais oui : tu dois être fatiguée... et je t'engage...

ANDRÉA.

Fatiguée!... pas du tout!...

STÉPHAN.

Pourtant, cette répétition...

ANDRÉA.

Non, ça a très-bien marché!... Et tu sais, quand ça va bien!

STÉPHAN.

Il y avait beaucoup de monde? (A part, regardant l'heure en remontant un peu au-dessus d'elle.) J'ai le temps.

ANDRÉA, allant à la cheminée se chauffer le bout du pied, debout.

Et choisi!... Il n'y manquait plus que vous, monsieur, qui vous amusiez ailleurs!...

STÉPHAN.

Ah! ma foi non!... J'ai passé une soirée... comme toutes les autres!...

ANDRÉA.

A l'Opéra?

STÉPHAN.

A l'Opéra!

ANDRÉA, indifféremment.

Mademoiselle Stella nous quitte, dit-on?

STÉPHAN, de même.

Oui... je crois!

ANDRÉA, bouclant ses cheveux négligemment devant la glace.

En emportant tous les cœurs de ces messieurs avec elle?

STÉPHAN, riant.

Oh!... tous les cœurs?...

ANDRÉA.

Enfin, quelques-uns!... Elle est assez jolie pour ça!

STÉPHAN, négligemment.

Elle n'est pas mal, oui!

ANDRÉA, se retournant vers lui.

Elle a eu beaucoup de succès, ce soir?

STÉPHAN.

Comme à l'ordinaire... Et toi?...

ANDRÉA.

Merci du rapprochement!... Moi aussi... et de tous les genres... comme actrice... et...

STÉPHAN, de même.

... Et comme femme?...

ANDRÉA, s'asseyant sur le canapé.

Et comme femme!... Je ne sais même pas si vos belles théories sur l'indifférence en matière de jalousie auraient tenu bon devant la cour assidue qui m'était faite!

STÉPHAN, riant, adossé au canapé.

Par le grand Bibenstein?

ANDRÉA, la tête appuyée au dossier, comme fatiguée.

Le grand Bibenstein a brûlé ses vaisseaux... et j'ai dû essuyer une déclaration en règle!...

STÉPHAN.

Le fat!... (Se levant.) Si on allait dormir, hein? (Il va allumer un bougeoir à la cheminée.)

ANDRÉA, à elle-même, tristement.

Ah! je ne réussirai pas par la jalousie!... (Haut, avec indolence et sans se lever.) Comment, déjà?

STÉPHAN, laissant le bougeoir sur la cheminée.

Déjà!... A deux heures du matin?...

ANDRÉA, languissamment, la tête sur le dossier du canapé.

Vous avez sommeil?...

STÉPHAN.

Un peu!...

ANDRÉA, de même, les yeux à demi fermés.

Eh bien, moi, pas du tout!

STÉPHAN.

Cela viendra,... dès que vous serez chez vous!

ANDRÉA, de même.

Oh! mais, au contraire... l'esprit travaille, les tempes battent!... On court après un repos qui vous fuit... et il vaut bien mieux attendre qu'il vous gagne!

STÉPHAN.

Ici?

ANDRÉA.

Asseyez-vous là, et attendons-le ensemble, voulez-vous? (Le forçant tendrement à s'asseoir sur le canapé.) Allons, voyons, venez vous asseoir tout près de moi, et causons bien doucement,... bien tendrement!...

7.

STÉPHAN, cédant à contre-cœur.

Drôle de caprice!

ANDRÉA, de même.

Ce n'est pas gentil d'être là tous deux, tête à tête? (Elle appuie sa tête sur l'épaule de Stéphan.)

STÉPHAN.

C'est très-gentil... mais...

ANDRÉA.

Gageons que tu n'as pas pensé à moi, un seul instant, ce soir!...

STÉPHAN.

Tout le temps, au contraire!...

ANDRÉA.

Menteur!... vous avez trop 'de choses en tête!... (Mouvement de Stéphan pour se dégager.) Ne t'en va donc pas, je suis si bien là!...

STÉPHAN.

Je t'assure, ma chère enfant, que tu serais cent' fois mieux dans ton lit!...

ANDRÉA, de même, très-tendre et câline, comme un enfant qui s'endort

Tout à l'heure!... Ah! j'ai vu le temps où c'était vous qui me placiez de la sorte, et n'en vouliez plus bouger. Vous ne trouviez pas alors cette position fatigante. (Mouvement furtif de Stéphan pour regarder l'heure à la pendule)... Vous ne regardiez pas l'heure à la dérobée... et il n'est pourtant pas si loin, ce temps-là!

STÉPHAN.

Jamais à deux heures du matin!...

ANDRÉA.

A toute heure!... Mais voilà ce que c'est que d'être mariés depuis deux ans! Vous n'y trouvez plus tant de douceur!

STÉPHAN.

Que si !...

ANDRÉA, lui passant sa main droite autour du cou.

Que non !...

STÉPHAN.

Que si !...As-tu une assez jolie main? (Il prend cette main et la baise.)

ANDRÉA.

N'y a-t-il que la main?

STÉPHAN.

Et le poignet aussi !... l'attache est mignonne !...

ANDRÉA, dégageant son oreille d'un petit mouvement de la tête, sans changer d'attitude, et toujours comme quelqu'un qui s'assoupit,

Et l'oreille donc?

STÉPHAN.

Et l'oreille aussi !... Le fait est que l'oreille...

ANDRÉA.

Et les cheveux?... Et tout?... Vous n'observez pas assez !

STÉPHAN.

Que si !

ANDRÉA, de même, se soulevant un peu, et lui passant le bras gauche derrière la tête.

Ah! je sais bien ce que je dis!... Autrefois, je ne vous aurais pas mis en vain les deux bras autour du cou, comme ceci... ou appuyé cette joue contre la vôtre... comme cela ! Vous n'auriez pas manqué de détacher une main...

STÉPHAN.

... Comme ceci !...

ANDRÉA.

Et d'embrasser la joue !...

STÉPHAN,

... Comme cela?

ANDRÉA.

C'est ça!...

STÉPHAN.

Eh bien, alors?

ANDRÉA.

Oui, mais vous vous faites prier!

STÉPHAN.

Tu rêvasses, tiens!... et voilà déjà tes jolis yeux qui se ferment.

ANDRÉA.

Oui, je suis très-bien!

STÉPHAN.

Alors le sommeil vient?

ANDRÉA.

Oui!...

STÉPHAN.

Si tu profitais de ça?

ANDRÉA.

Pour?

STÉPHAN.

Pour aller faire dodo!

ANDRÉA, sans bouger, les yeux clos.

Je veux bien!

STÉPHAN, à lui-même, respirant.

Ouf!

ANDRÉA, languissamment.

Conduis-moi chez moi!

STÉPHAN, inquiet, à lui-même.

Chez elle?

ANDRÉA, de même.

Donne tes bras,... je vais me pendre à ton cou, et tu me porteras,... tu sais, comme autrefois!

STÉPHAN.

Je ne peux pas ...

ANDRÉA.

Pourquoi?

STÉPHAN:

J'ai le bras tout engourdi d'être resté là!

ANDRÉA, de même.

Menteur!...

STÉPHAN.

Je t'assure!...

ANDRÉA, dégageant ses bras et se rejetant en arrière sur le canapé, à gauche.

Roule-moi, alors, comme un bébé!

STÉPHAN, à lui-même.

Elle y tient!... Si je vais chez elle!... je suis perdu !

ANDRÉA.

Tu dis?

STÉPHAN, debout, essayant de la faire lever, en lui prenant les deux mains.

Voyons, ma petite Andréa, je t'en prie, lève-toi! Viens, allons!... un peu de courage!... Tu n'as que trois pas à faire!... Moi je tombe de fatigue, et j'ai de plus, une migraine!...

ANDRÉA, vivement, se levant.

Ah! pauvre chéri!... et tu ne le dis pas?... Je vais te souffler sur le front de l'eau de Cologne!... J'en ai chez moi, viens! (Elle veut l'emmener dans sa chambre.)

STÉPHAN.

Non!... non!... pas ce soir!

ANDRÉA.

Parce que?

STÉPHAN.

Cette migraine-là,... ce n'est pas comme les autres!...
Rien que l'odeur de l'eau de Cologne!... Oh! Dieu!... cela
me donne un mal de cœur... Non, vois-tu,... ce qu'il me
faut, c'est du sommeil!...

ANDRÉA.

C'est vrai, pauvre amour, tu es tout pâle; viens, appuie-
toi sur moi, que je te mène à ta chambre. (Elle lui tend son
bras.)

STÉPHAN, agacé.

Non!... Je t'en supplie... laisse-moi seul... Quand je
souffre... j'aime mieux être seul... Rentre chez toi...
Bonne nuit,... cher ange, bonne nuit! (Il va prendre le bougeoir
sur la cheminée et le lui tend par-dessus le canapé.)

ANDRÉA.

Non... Je ne me coucherai pas que je ne te sache
endormi...

STÉPHAN, de même.

C'est absurde!... Je ne dormirai pas tant que tu seras là!

ANDRÉA.

Je ne te quitterai pas tant que tu souffriras!

STÉPHAN.

Alors nous ne dormirons ni l'un ni l'autre! (Il pose le bougeoir sur le guéridon.)

ANDRÉA, résolue.

Que veux-tu?

STÉPHAN.

Parbleu! Il me vient une idée : au lieu de me coucher...
je vais aller prendre l'air!... Le matin, cet air vif!... Un
bon temps frais... Il n'y a rien de tel pour la migraine!

ANDRÉA.

Tu crois!

STÉPHAN.

J'en suis sûr!... voici mon chapeau!... (Il va prendre son chapeau qu'il a déposé en entrant sur le secrétaire.) Je vais aller me guérir!

ANDRÉA, allant à lui.

Tu as raison!... Je vais avec toi!

STÉPHAN, saisi.

Hein?

ANDRÉA.

C'est gentil,... cette petite promenade à nous deux,... allons! (Elle descend.)

STÉPHAN.

Comme ça.

ANDRÉA, prenant sa pelisse et son chapeau que Josépha a déposés sur le fauteuil, au fond.

Avec une pelisse et un chapeau!... Et personne dans les rues!... Viens!... (Elle va pour s'ajuster.)

STÉPHAN, après un silence, résolu.

Andréa!... Je vois bien qu'il faut te dire la vérité!

ANDRÉA, saisie et déposant les objets.

La vérité?...

STÉPHAN, descendant.

Oui!... Je suis forcé de sortir ce matin, tout seul?

ANDRÉA.

Seul?

STÉPHAN.

Je ne voulais pas te le dire, de peur de t'inquiéter... tu m'y forces!...

ANDRÉA.

Mais quoi?...

STÉPHAN.

Un duel!... Oh! pas moi!... Je suis témoin, voilà tout!... mais...

ANDRÉA.

Et qui se bat?...

STÉPHAN.

Le général!... qui s'est querellé à l'Opéra avec un imbécile, et c'est Balthazar et moi qui sommes ses témoins.

ANDRÉA.

Ce matin?...

STÉPHAN.

A quatre heures;... ainsi, tu vois... le temps de prendre les armes, une voiture... (Mouvement pour remonter.)

ANDRÉA, vivement, remontant.

Tu n'iras pas!... Je ne veux pas!...

STÉPHAN.

Andréa!... voyons!...

ANDRÉA, un pas sur lui.

Tu n'iras pas!... On dira qu'on a oublié de te réveiller!... Ils ne se battront pas, voilà tout, et ils en seront bien contents.

STÉPHAN.

Andréa!... Un rendez-vous d'honneur!... Tu es folle!...

ANDRÉA.

Eh bien, oui, là!... je suis folle! mais je t'en supplie,... ne sors pas; je t'en serai si reconnaissante!... (Descendant.) Oh! si tu savais, mon Stéphan, comme je te serai reconnaissante de rester là, avec moi, ce matin!... surtout!...

STÉPHAN.

Mais, voyons, cher enfant!...

ANDRÉA.

Oui, je te semble ridicule!... C'est vrai!... je le suis!...

mais pardonne-le-moi... Je suis toute tremblante!... (L'enveloppant de ses bras.) J'ai peur!... une superstition à moi!... Je sens un malheur dans l'air; qu'est-ce que cela te fait, de me céder pour une fois!... Je ne suis pas exigeante, d'ordinaire!... C'est si simple! Nous sommes si bien ici, tous les deux,... c'est si doux d'être ensemble!...

STÉPHAN, un peu troublé, à gauche; Andréa à droite,

Je ne peux pas!... c'est absurde. Andréa, voyons... laisse-moi!... (Il se dégage.)

ANDRÉA, désespérée.

. Ah!... tu refuses?... C'est que tu mens!

STÉPHAN.

Je mens?

ANDRÉA.

Oui... Il n'y a pas de duel!...

STÉPHAN.

Par exemple!

ANDRÉA.

Non! non!... Il n'y en a pas! —Mais il y a autre chose!...

STÉPHAN.

Eh quoi?

ANDRÉA, prête à tout dire, puis s'arrêtant.

Oh!... quoi!...

STÉPHAN.

Je te jure!...

ANDRÉA, vivement.

Eh bien, oui! jure que tu ne veux sortir que pour un duel... jure-le, jure!...

STÉPHAN.

Mais, je te dis...

ANDRÉA.

Mais, jurez donc, je vous en prie!

STÉPHAN.

Oh bien, non! là,... il n'y a pas de duel!

ANDRÉA, descendant.

Ah!... Enfin!...

STÉPHAN.

Mais il y a autre chose que je voulais te cacher pour nous épargner le chagrin des adieux!

ANDRÉA.

Des adieux!

STÉPHAN.

Tu veux le savoir, sois heureuse!... Tiens! lis cette lettre!... Je ne l'ai pas écrite pour les besoins de la cause!... Elle était là pour toi!... Lis!... Tu ne diras pas que ce n'est pas la vérité, cette fois!... Lis! lis!

ANDRÉA, après avoir lu, froidement, lui rendant la lettre.

Tu pars?... Un voyage?...

STÉPHAN.

Tu vois!

ANDRÉA.

Tout à l'heure?...

STÉPHAN.

Tu vois!...

ANDRÉA, de même.

Eh bien, soit!,.. partons ensemble!

STÉPHAN.

Toi?...

ANDRÉA.

Naturellement!... Tu pars!... je pars!... partons!

STÉPHAN.

Mais, c'est impossible!...

ANDRÉA.

Parce que?

STÉPHAN.

Mais parce que j'ai retenu ma place, sans retenir la tienne!... parce que je n'ai que faire de toi là-bas!... parce que c'est un voyage long,... pénible, dangereux!... Parce que c'est un caprice d'enfant gâté!... et parce qu'enfin je n'y consens pas!...

ANDRÉA.

C'est tout?...

STÉPHAN.

C'est assez!... Maintenant, ne discutons plus! finissons; embrasse-moi tendrement, et adieu! (Il va à elle.)

ANDRÉA, bondissant devant la porte.

Stéphan!... prends garde! Stéphan!... Ne franchis pas le seuil de cette porte!

STÉPHAN.

Parce que?...

ANDRÉA.

Parce que ton voyage d'affaires est un mensonge!... comme ton duel!... Parce que, si tu pars, c'est pour une femme!... c'est avec une femme!...

STÉPHAN.

Moi!... Oh!...

ANDRÉA.

Parce que, depuis un mois, tu passes toutes les soirées hors de chez toi!... parce que tu es prêt à me trahir!... à m'abandonner pour une autre! Parce que, depuis une heure, tu entasses mensonge sur mensonge!...

STÉPHAN.

Calomnie! Qui vous a dit!...

ANDRÉA.

Peu importe!... Je le devine!

STÉPHAN.

Quelque lettre!...

ANDRÉA.

Je le sens, te dis-je!... J'en suis sûre!...

STÉPHAN, remontant.

Mais, c'est faux!... c'est faux!... c'est faux!

ANDRÉA, lui prenant la main vivement et avec force.

Eh bien! prouve-le!

STÉPHAN.

Comment?

ANDRÉA, le faisant passer à droite.

Ne pars pas!

STÉPHAN.

Mais...

ANDRÉA.

Ne pars pas!... et je te crois!... Je ne demande plus
rien!... Et, s'il y a quelque chose, mon Stéphan, je ne veux
même pas le savoir!... (Mouvement de Stéphan. Elle lui ferme la
bouche et le force à redescendre à droite.) Je ne te demande rien,...
ne te défends pas!... puisque je ne veux pas savoir!... Il n'y
a rien!... c'est convenu!... Je te crois! j'en suis sûre!... Pardonne-moi de t'avoir soupçonné un moment... Mais reste
avec moi... c'est bien le moins... pour me prouver que j'ai
tort... C'est bien raisonnable ce que je te dis là!... (Pleurant.)
Je ne puis pourtant mieux faire!... (Elle le fait asseoir sur le
canapé, à droite.) Ah! tu es ému, tu cèdes!... tu ne t'en iras
pas!... Mon Stéphan? n'est-ce pas que tu ne quitteras pas
ta femme qui t'adore, qui ne vit que pour toi, et qui t'en
supplie... à genoux!... Dis-le! ah! dis! que tu ne partiras
pas! (Elle glisse à ses genoux.)

STÉPHAN, tombant assis, troublé.

Eh bien! non!...

ANDRÉA, se jetant à son cou.

Non!... Ah! merci!... Ah! que je t'aime!...

STÉPHAN.

Il le faut bien!...

ANDRÉA.

Ah! quelle joie tu me donnes!... Ah! que je vais t'aimer,... tu verras!

STÉPHAN.

Tyran, va!

ANDRÉA.

Dis esclave!... toute ma vie,... à tes pieds... comme ça!...

STÉPHAN, après un silence.

... Mais, dis donc, ce n'est pas tout!... Il faut maintenant prévenir le capitaine de ce bateau!

ANDRÉA, relevant la tête, inquiète.

Pourquoi?

STÉPHAN.

Pour qu'il ne m'attende pas!...

ANDRÉA, rassurée, reprenant son attitude.

Que t'importe?

STÉPHAN.

Ah! si, si, voyons!

ANDRÉA, inquiète, se redressant.

Oh! tu veux encore sortir?...

STÉPHAN.

Mais non!... Quelle idée!... Écrire seulement!

ANDRÉA.

Ah! écrire... bon!

STÉPHAN.

Tu permets?... c'est heureux!

ANDRÉA.

Je lirai?

STÉPHAN.

Tu liras... oui, esclave... (Mouvement pour se lever.)

ANDRÉA.

Ne bouge pas !... J'ai là tout ce qu'il faut!

STÉPHAN.

Chez toi ?

ANDRÉA.

Oui, ne bouge pas !... Je te l'apporte! (L'embrassant avec une joie d'enfant.) Ah! que je suis contente!... Ah! que je suis donc contente! (Elle court à sa chambre.)

STÉPHAN, seul, se levant vivement, en regardant l'heure.

Il est encore temps !... (Il tire son crayon, et sur la lettre qu'Andréa lui a rendue, écrit, debout au guéridon.) « Mon Andréa, ce voyage est forcé, pardonne-moi de t'avoir trompée... Je pars! » (Pliant la lettre.) Là!... (Il place la lettre en évidence sur la grande table de droite, et court prendre son chapeau sur le secrétaire du fond.) Avant qu'elle puisse s'habiller pour courir après moi !... Enfin!... (Il s'élance dehors.)

SCÈNE IV.

ANDRÉA, seule, rentrant avec du papier et un encrier, qu'elle pose sur la table.

Tiens, voilà!... (Ne le voyant plus.) Eh bien! Stéphan!... où es-tu? (Appelant du côté de la chambre.) Stéphan!... (Apercevant la lettre.) La lettre!... (Elle lit.) Ah! parti !... Menteur!... Parjure!... Infâme!... Il part!... Ah! non,... non,... tu ne partiras pas! Tout pour l'empêcher maintenant!... Tout!... (S'emparant du flambeau.) Et puisque tu l'as voulu!... Eh bien, sois heureux!... tiens!... (Elle le présente à la fenêtre ouverte.)

C'est fait!... (On entend dans la rue des sons de voix, une dispute étouffée, puis une voiture qui part. Elle recule d'abord épouvantée, puis court à la fenêtre en criant : Non! non! je ne veux pas!... je ne veux plus!... Mon Dieu! mon Dieu!... (Fondant en larmes.) Pourvu qu'ils n'aillent pas lui faire du mal à présent!... (Elle va tomber en pleurant dans le fauteuil de gauche.)

ACTE QUATRIÈME

PREMIER TABLEAU.

Une chambre confortablement meublée dans une maison de santé. — Premier plan, à droite, alcôve et lit dont le pied est tourné vers les spectateurs. — Au second plan, un secrétaire. — Au fond, fenêtre garnie de barreaux et donnant sur un jardin. — A gauche, premier plan, cheminée. — Second plan, porte d'entrée. Table au milieu vers la fenêtre, fauteuil ; il fait nuit.

SCÈNE PREMIÈRE.

STÉPHAN, couché et endormi. SCHRANN, FRÉDÉRIC.

SCHRANN ouvre tout doucement la porte d'entrée, il a une lanterne à la main. Frédéric le suit, Schrann traverse la pièce sur la pointe du pied et va s'assurer que Stéphan est endormi. Toute la scène se joue à demi-voix.

Doucement!... il dort!

FRÉDÉRIC, entrant avec précaution à demi-voix.

Oui!

SCHRANN.

Monsieur est le frère?...

FRÉDÉRIC.

Le beau-frère!... Et je viens de la part de ma sœur m'assurer de son état!...

SCHRANN.

Ah! bien!... bien!... (Il lève la lanterne.)

FRÉDÉRIC, vivement.

Prenez garde de le réveiller.

SCHRANN.

Oh! il est trop éreinté, après la vie qu'il nous a faite!...

FRÉDÉRIC.

Ah!... Il a résisté?

SCHRANN, déposant sa lanterne sur une table.

Ah!... « Je ne suis pas fou!... Je vous dis que je ne suis pas fou!... » Mais nous connaissons ça!... Ils disent tous la même chose!

FRÉDÉRIC, vivement.

On ne lui a pas fait de mal, au moins?

SCHRANN.

Aucun mal, soyez tranquille!... Seulement, se voyant enfermé, il a voulu forcer la porte, et s'est mis à tirer sur lui de toutes ses forces,... car monsieur remarquera qu'elle s'ouvre en dedans...

FRÉDÉRIC.

Oui.

SCHRANN.

Monsieur le directeur de l'établissement, qui est un homme de génie, monsieur, j'ose le dire!... a inventé un appareil bien ingénieux... Quand un de nos pensionnaires s'obstine à vouloir ouvrir la porte dont le verrou est fermé, il tire naturellement le bouton de toutes ses forces,... mais le bouton tiré fait mouvoir un petit corps de pompe placé de ce côté!... (Il montre.) Et notre homme reçoit en plein nez une douche d'eau glacée, qui le calme par enchantement!...

FRÉDÉRIC.

C'est fort ingénieux, en effet... Alors, c'est ça?...

SCHRANN.

Qui l'a calmé... si bien qu'il nous a demandé poliment

8

du papier et de l'encre pour écrire à quelques amis... Et cela fait, épuisé, il s'est jeté sur son lit, d'où il n'a pas bougé depuis ce temps-là.

FRÉDÉRIC, à lui-même, tandis que Schrann ranime le feu.

Cinq heures!... Tout va bien!... (Haut.) C'est ça! faites-lui un bon feu!...

SCHRANN.

Monsieur se retire?

FRÉDÉRIC.

Oui, il me semble qu'il a bougé... D'ailleurs, je sais tout ce que je voulais savoir...

SCHRANN.

Monsieur n'a pas de recommandations spéciales à me faire?

FRÉDÉRIC.

Non!... Les agents qui l'ont amené sont toujours là, n'est-ce pas?

SCHRANN.

Oui, monsieur, chez le concierge!...

FRÉDÉRIC.

Bien, je vais leur parler... Permettez-moi, monsieur Schrann, pour vos bons offices... (Il lui remet de l'argent.)

SCHRANN.

Oh! monsieur!...

FRÉDÉRIC.

Et traitez-le bien doucement, n'est-ce pas, bien doucement...

SCHRANN.

Monsieur, fiez-vous à moi... Aussi poliment que s'il n'était pas aliéné.

FRÉDÉRIC.

C'est ça!... justement...

SCHRANN.

Pardon, j'éclaire monsieur.

FRÉDÉRIC.

Non, non, ne bougez pas!... Il se réveille, bonsoir! (Il disparaît.)

SCÈNE II.

STÉPHAN, SCHRANN.

STÉPHAN, se réveillant en sursaut et sur son séant.

Qui va là?

SCHRANN.

Plaît-il?...

STÉPHAN, assis sur le lit.

Qui est là?... Qui parle?

SCHRANN, d'un air naïf.

Moi.

STÉPHAN, regardant la chambre et le reconnaissant.

Toi!... Juste Dieu!... je suis encore dans cette ignoble maison!

SCHRANN, allumant la bougie.

Vous voyez.

STÉPHAN, s'échauffant peu à peu.

Ah çà! est-ce que ça ne va pas bientôt finir, cette plaisanterie-là?

SCHRANN.

Cette plaisanterie?

STÉPHAN, de même.

Oui, j'en ai assez!... je vous déclare que j'en assez!

SCHRANN, tranquillement.

De quoi?

STÉPHAN.

Je ne suis pas fou!... gardien du diable!... Tu le sais aussi bien que moi. (Il saute à terre.) Je veux sortir!

SCHRANN, ouvrant la porte et sautant dehors.

Oh! oh! doucement! (Il la ferme et regarde Stéphan du dehors par le vasistas.)

STÉPHAN, exaspéré.

Il y a erreur!... On me prend pour un autre. Où est le patron de cette infâme baraque?

SCHRANN, par le vasistas.

Il dort.

STÉPHAN.

Il est bien temps de dormir quand on m'égorge!... Appelle ton maître, gredin!

SCHRANN.

Ah bien! si vous m'appelez gredin!... bonsoir!

STÉPHAN.

Non!... non! ne t'en va pas!... Écoute. (Tombant près de la table assis, à lui-même.) C'est effroyable!... en être réduit à supplier ce drôle!... (Haut.) Écoute, mon petit... Comment t'appelles-tu?

SCHRANN, par le vasistas.

Schrann.

STÉPHAN, de même.

Eh bien, mon petit Schrann, rentre et causons tranquillement!... tranquillement, je te le promets.

SCHRANN.

Bon! comme ça (Il entre et pousse la porte.) je rentre.

STÉPHAN.

Réponds-moi seulement... Tu vois, je suis très-calme.. A-t-on porté mes lettres?

SCHRANN.

Toutes.

STÉPHAN.

Et pas de réponse?

SCHRANN.

Pas.

STÉPHAN.

Tous m'abandonnent!... On veut me faire mourir ici!...
C'est un complot!

SCHRANN.

Monsieur a-t-il écrit à sa dame?

STÉPHAN, vivement, relevant la tête.

Oh! non, pas à elle!... à Frédéric, à Balthazar!... au
général!... Et personne!... — On leur défend de me
voir!...

SCHRANN.

Il n'y a pas d'ordre pour ça...

STÉPHAN.

Alors!... (Subitement, debout.) Appelle ton directeur... Je
veux lui parler...

SCHRANN.

Voilà que ça le reprend! (Il regagne vivement la porte pour exé-
cuter le même mouvement que la première fois.)

STÉPHAN, courant à la table pour écrire.

Et j'écris aux journaux, à la police! aux ministres!...
Et je dénonce cette caverne de brigands à l'univers épouvanté! (Au moment où Schrann ouvre la porte pour sortir, un autre gardien
paraît dehors avec une lanterne et tenant une carte à la main. Schrann prend
cette carte, qu'il examine à la lueur de la lanterne, tandis que Stéphan s'ap-
prête à écrire, et lui dit de la porte.)

SCHRANN.

Ah! bien, tenez, voilà de quoi vous calmer, c'est probablement un de vos amis!...

8.

STÉPHAN, sautant debout et s'emparant de la carte.

Un ami. (Il lit.) Balthazar! (Avec joie.) Ah! qu'il entre!...
vite! vite!... qu'il entre!... Quel bonheur, enfin! j'en tiens
un!

SCÈNE III.

STÉPHAN, BALTHAZAR, dans un long paletot, avec cache-
nez, etc, Schrann le fait entrer, puis sort et ferme la porte dehors aux
verrous.

STÉPHAN, courant à lui.

Ah! mon petit Tatar!... te voilà, toi?... à la bonne heure!...
Un véritable ami!...

BALTHAZAR, avec un peu de méfiance.

Pas de bêtises!... Tu es sûr de ne pas être fou?

STÉPHAN.

Moi!...

BALTHAZAR, de même.

Non!... mais c'est que ça se gagne!... tu sais!...

STÉPHAN.

Non, je ne suis pas fou!... mais je le deviendrai!... con-
çois-tu ce qui m'arrive!... arrêté!... à ma porte?... Et con-
duit ici... comme un voleur... moi?...

BALTHAZAR, se garant.

Oui!... Tu es un peu exalté tout de même!

STÉPHAN.

Un peu exalté?...

BALTHAZAR.

Si nous avions le temps, comme je te ferais tomber ça
tout de suite... avec deux ou trois passes!... (Il fait le geste.)

STÉPHAN.

Hein!...

BALTHAZAR.

Plus tard! plus tard!... allons au pressé!

STÉPHAN.

Oui, oui... me faire sortir.

BALTHAZAR.

Tu conçois, moi, je dormais comme un plomb après ce souper!... On me réveille en sursaut,... on me remet ta lettre... Sapristi, ça me donne un coup... Je me dis : « Ce brave ami, si on le met dans une maison de fous, alors, moi, où va-t-on me fourrer? »

STÉPHAN.

C'est vrai!...

BALTHAZAR.

Je me lève donc dare, dare, et je cours chez Cracovero, avec cette idée : le général et {moi, nous allons prendre Frédéric, et nous irons tous trois le réclamer...

STÉPHAN.

Brave garçon!...

BALTHAZAR.

J'arrive chez Cracovero!... Je monte!... Tu sais, moi, avec ma fougue ordinaire, quatre à quatre!...

STÉPHAN.

Oui.

BALTHAZAR.

Et je trouve, au lieu du général, une brune éplorée, cheveux épars!... qui me répond : « Cracovero? ah! c'est une fière canaille... Il m'a plantée là... Cracovero... »

STÉPHAN.

Hein?...

BALTHAZAR.

Je fais comme toi : « Hein? le général? — Allons donc,

général! comme vous? — Pas plus? — Je vous dis que c'est un escroc, monsieur!... Puisque je suis sa femme! »

STÉPHAN.

Ah!

BALTHAZAR.

Je fais comme toi! « Ah! — Oui, monsieur, oui, il vole au jeu... Il ne vit que de ça!... »

STÉPHAN.

Eh bien! je m'en doutais.

BALTHAZAR.

Moi, je dirai mieux... j'en étais sûr!... Tu remarqueras même que je pariais toujours pour lui...

STÉPHAN.

Et il est libre!... lui, et il part!... Et moi je suis là... et Stella est loin!

BALTHAZAR.

Première campagne!... car je ne m'en suis pas tenu là.

STÉPHAN.

Je l'espère bien...

BALTHAZAR.

Tu vas voir!... Je cours chez Frédéric. — Absent!

STÉPHAN.

A cette heure-ci?

BALTHAZAR.

Ah! dame, à son âge, n'est-ce pas?... Je me dis : allons prévenir la Comtesse...

STÉPHAN, vivement.

Malheureux!... Andréa?

BALTHAZAR.

Dame!

STÉPHAN.

Lui apprendre que je suis ici, comme fou!...

BALTHAZAR.

Mais!

STÉPHAN.

Oh! jamais! — Elle ne voudrait plus croire que ce n'est pas vrai. — Tu n'as pas fait ça, j'espère.

BALTHAZAR.

Non... Je ne l'ai pas vue?...

STÉPHAN, respirant.

Ah!... tant mieux!...

BALTHAZAR.

Et je ne l'ai pas vue pour une bonne raison... (Se grattant l'oreille.) saperlotte!...

STÉPHAN.

Une raison?...

BALTHAZAR, le regardant.

Ah! voilà!...

STÉPHAN.

Voilà!... quoi?... Que veux-tu dire?

BALTHAZAR.

C'est que je ne sais pas si je veux te le dire...

STÉPHAN.

Tu ne sais pas?

BALTHAZAR.

C'est si raide!...

STÉPHAN.

Voyons!

BALTHAZAR.

Tu l'exiges?...

STÉPHAN.

Mais oui, je l'exige... Parle!... Parle donc!...

BALTHAZAR.

Eh bien, alors! allons-y bravement!... J'allais donc chez
toi... à pied... car il y a ça de neige, et les voitures ne
roulent plus!... Je n'étais plus qu'à cent pas de ta maison... quand je vois quelqu'un traverser brusquement la
rue déserte, d'un trottoir à l'autre, comme un rat, et dis-
paraître!... Pschtt!... Dans ton mur!... (Stéphan le regarde avec
étonnement.) Ça m'étonne, oui, comme toi; je presse le pas et
je constate que ce monsieur, — car c'était un monsieur, —
a bien disparu chez toi... par ta petite porte... Et la trace
de ses pas sur le seuil, dans la neige, ne me permet pas
d'en douter...

STÉPHAN, suffoqué.

Que me dis-tu là?

BALTHAZAR.

Attends!... Intrigué, je gagne le milieu de la chaussée,
d'où l'on aperçoit très-bien les fenêtres du premier étage,
et je vois distinctement ceci... Une lumière qui, du fond
de l'appartement, semble aller au-devant du nouveau venu...
puis l'ombre de celui-ci qui se profile sur les rideaux, pendant l'espace d'une seconde, mais assez pour y dessiner un
chapeau noir... (Il montre son chapeau.) Puis la lumière s'éloigne, et tout disparaît!

STÉPHAN, d'une voix sourde.

Balthazar, tu mens!

BALTHAZAR.

Je t'assure!...

STÉPHAN, lui secouant le bras avec force.

Tu mens!... malheureux!... Avoue que tu mens!...

BALTHAZAR, effrayé.

Et tu dis que tu n'es pas fou?

STÉPHAN, dans le plus grand trouble.

Oh! pardonne-moi!... Mais aussi, voyons, c'est idiot, ton récit!... Tu as mal vu!... Ou tu t'es trompé de maison!... Ou tu étais encore gris... Ah! voilà, tu étais gris?...

BALTHAZAR.

Tout ce que tu voudras!... moi ce que j'en fais, tu comprends... c'est par amitié!... Il y en a qui se demandent, doit-on le dire?... doit-on pas le dire?... moi, je suis pour qu'on le dise!... même quand ça n'est pas!... ça vous met toujours sur vos gardes.

STÉPHAN.

Elle!... Elle!... Andréa!... elle qui tout à l'heure encore a tout fait, tout, pour me retenir auprès d'elle!

BALTHAZAR.

C'est peut-être bien ça!... Le dépit! la jalousie, la vengeance!... Et quand elles se vengent, les femmes!...

STÉPHAN, frappé.

Peut-être!... si elle soupçonne?...

BALTHAZAR.

D'autant qu'elle te croit bien loin!... Elle est tranquille!...

STÉPHAN.

C'est vrai!... c'est vrai!...

BALTHAZAR.

Dame!...

STÉPHAN.

Et pour se venger, elle recevrait... (Hors de lui.) Oh! misérable!... misérable!... Et je suis là, moi, je suis là!... Enfermé, captif!... Je suis là!...

BALTHAZAR.

Dame!... tu ne peux pas sortir!

STÉPHAN.

Je ne peux pas?... Tu vas voir!...

BALTHAZAR.

Hein?

STÉPHAN,

Fallût-il assommer, casser, briser tout dans la maison!... et tu vas m'aider.

BALTHAZAR.

A assommer?

STÉPHAN.

Ah! cet habit!... (Furieux.) Ote-le!...

BALTHAZAR, ahuri.

Mais!...

STÉPHAN, le déshabillant vivement.

Ce chapeau, cette cravate!...

BALTHAZAR.

Mais!...

STÉPHAN, lui arrachant tout en le faisant pirouetter.

Mais ôte donc!... Maintenant, au lit! (Il écarte les couvertures.)

BALTHAZAR.

Au lit?...

STÉPHAN.

A ma place... vite!

BALTHAZAR, effrayé.

Comme fou?

STÉPHAN, l'enlevant et l'y fourrant.

Mais, va donc!...

BALTHAZAR.

Stéphan!... Je te proteste!...

STÉPHAN, furieux.

Si tu cries, je te...

BALTHAZAR, se fourrant sous les couvertures.

Ah! non! non!

STÉPHAN.

Et maintenant... pas un cri! pas un mot!... Gémis si tu veux!... c'est ce tout que je te permets!

BALTHAZAR, gémissant tout de bon.

Ah! volontiers!... mais...

STÉPHAN, lui rabattant la couverture sur la tête.

Silence!...

BALTHAZAR, effrayé.

Oui!

STÉPHAN, lui parlant par-dessus la couverture.

Et comprends-moi bien!... Je sonne... le gardien vient; je me cache derrière la porte!... Il te voit couché, il me croit malade... et court à toi!... J'en profite pour sortir!... Et une fois dans le jardin... le mur!... Est-ce compris?

BALTHAZAR, sous la couverture, étouffant.

Oui!... J'étouffe!

STÉPHAN.

Très-bien! c'est ça!... Plains-toi!...

BALTHAZAR, gémissant de même.

Mais!...

STÉPHAN, l'étouffant sous l'oreiller.

Gémis! gémis!... (Il sonne à tour de bras.) Je sonne!

BALTHAZAR, plaintivement.

J'étouffe!...

9

STÉPHAN.

Parfait!... c'est ça!... Attention! (Il court se placer contre le mur, là où la porte en s'ouvrant doit se rabattre sur lui et le cacher.)

SCÈNE IV.

Les Mêmes, SCHRANN.

SCHRANN.

Quoi donc!... ce tocsin?... (Apercevant Balthazar qui dresse les bras et cherche à se dépêtrer de ses couvertures.) Eh! mon Dieu! vous êtes malade! (Il court à lui. Stéphan profite de ce mouvement pour se dégager de la porte et s'élance dehors.)

STÉPHAN, triomphant, en sortant.

C'est fait!...

SCHRANN, se retournant.

Hein?

BALTHAZAR, se dépêtrant des couvertures et surgissant sur le lit, avec le bonnet de coton.

Tant pis!... Je crève, moi!...

SCHRANN, stupéfait.

Ah! celui-ci!... Et l'autre!... Une évasion! (Il s'élance dehors où on l'entend crier.) A l'aide! à moi!... au secours!... arrêtez!... arrêtez-le!

BALTHAZAR, sortant du lit en caleçon et venant à la porte qu'il entend fermer au verrou, épouvanté.

Eh bien, et moi?... Eh! ne fermez pas!... Dites donc!... Je ne suis pas fou... moi! (Il tire la porte et reçoit toute la douche.) Ah!... que c'est bête!... En hiver!... Ah! quelle mauvaise plaisanterie!... (Il court se fourrer dans le lit, en grelottant).

Le décor change.

DEUXIÈME TABLEAU.

Le boudoir d'Andréa. — Petite pièce très-élégante. — Au fond, entrée de la chambre d'Andréa. — A gauche, premier plan, cheminée, au-dessus une glace sans tain. — Deuxième plan, porte de l'appartement de Stéphan. — A droite, deuxième plan, autre porte. — Premier plan, canapé, fauteuils, table. — Un thé servi. — Grand feu.

SCÈNE PREMIÈRE.

ANDRÉA, FRÉDÉRIC.

ANDRÉA, elle tient ouverte la porte de gauche.

Enfin!...

FRÉDÉRIC, entrant et secouant la neige de son chapeau.

Me voilà!...

ANDRÉA, refermant la porte et vivement en redescendant.

Eh bien?...

FRÉDÉRIC.

Avant tout!... Rassure-toi... aucun mal...

ANDRÉA.

Tu l'as vu ?

FRÉDÉRIC.

Dans un très-bon lit... et dormant comme il dormirait chez lui.

ANDRÉA, avec joie.

Tu en es bien sûr?... il dormait?

FRÉDÉRIC.

Profondément!... Je suis glacé!... Tu as du thé? (Il va à la table et se verse du thé.)

ANDRÉA, le suivant.

Mais, s'il dort!... il est peut-être malade ?

FRÉDÉRIC, sucrant, etc.

Pas plus que moi!...

ANDRÉA.

Ah! qui sait?... Il doit être si mal dans cette maison !...

FRÉDÉRIC.

Il est très-bien, je t'assure!... on peut l'y laisser...

ANDRÉA.

L'y laisser? Tu n'as pas donné l'ordre de le faire sortir, en expliquant l'arrestation par une erreur, comme c'était convenu?...

FRÉDÉRIC.

Non!...

ANDRÉA.

Pourquoi?... après le départ de ce bateau.

FRÉDÉRIC.

Ah! voilà!... Oui, le bateau est parti, je m'en suis assuré tout d'abord!

ANDRÉA.

Eh bien! alors?

FRÉDÉRIC.

Mais, la Stella est toujours à Vienne!

ANDRÉA.

Ici?...

FRÉDÉRIC.

Toujours!... — Passant devant l'Opéra, je vois des lumières, j'entends l'orchestre, on danse. Étonné, j'entre,
je m'informe, et j'apprends que, par un tour digne de
Rabnum, la dépêche de Bucharest, qui mandait la Stella,
c'est lui-même... Rabnum, qui l'a fait expédier de là-bas,
pour exploiter ce faux départ!... Aveu qu'il vient de faire
à la fin du souper, avec un succès d'enthousiasme!... Là-
dessus, réengagement de la Stella, qui dansera ce soir,
demain, toute l'année!... et à qui l'on prépare pour tout à
l'heure un retour aux flambeaux, avec tout ce qui peut
compléter la réclame!...

ANDRÉA.

Encore ici?... Encore?

FRÉDÉRIC.

Ceci changeait bien toutes nos batteries?... Le danger
subsiste!... Et j'ai voulu voir avec toi!...

ANDRÉA.

Ah! c'est tout vu!... Retourne à cette maison, et qu'il en
sorte!

FRÉDÉRIC.

Et si c'est pour courir chez elle?

ANDRÉA.

Qu'il y coure!

FRÉDÉRIC.

Mais, réfléchis!

ANDRÉA, découragée.

Ah! c'est fait!... te dis-je!... que cette nuit je l'aie violemment arraché à sa mauvaise action!... soit, pour une
fois!... mais tous les jours, à toute heure, renouveler cet
odieux débat!... Allons donc!... quelle indignité!... C'est
déjà trop de l'avoir fait une fois; et mon orgueil s'en
révolte assez!... Non! je ne lutterai plus!... non! je ne

ferai plus rien !... Il me reviendra seul, de lui-même, tout
à l'heure, à l'instant !... Et s'il hésite encore !... j'arrache
mon amour de mon cœur et je l'étouffe devant lui !...

FRÉDÉRIC.

Andréa !... Voyons !... voyons !...

ANDRÉA, désespérée.

Ah ! grand Dieu !... en être là, après deux ans de mariage !...
deux ans? Et c'est notre anniversaire !... Ah ! si l'on m'avait
prédit cela !...

FRÉDÉRIC, prêtant l'oreille.

Tais-toi !... On a fermé la petite porte.

ANDRÉA.

En bas?

FRÉDÉRIC, à la fenêtre.

C'est lui !

ANDRÉA, avec joie.

Il revient?

FRÉDÉRIC.

Oui !... mais comment se fait-il ?

ANDRÉA, radieuse.

Ah ! peu m'importe... Il vient !... le voilà !... Il ne court
pas chez elle, tu vois !... mon Frédéric... C'est à moi qu'il
vient ! c'est à moi !...

FRÉDÉRIC.

Il la croit peut-être partie !...

ANDRÉA, découragée.

Ah ! c'est vrai !... — Ah ! pourquoi m'as-tu dit cela ?

FRÉDÉRIC.

Il monte !... Que faire ?... Je reste !

ANDRÉA.

Ah ! non !

FRÉDÉRIC.

Alors, je me sauve !

ANDRÉA.

Reste en bas !... Ah ! que va-t-il me dire ?

FRÉDÉRIC, reprenant son chapeau, son paletot, vivement.

Je t'en supplie, Andréa, ne le traite pas trop durement, si tu savais... (Il ouvre la porte de droite pour sortir.)

ANDRÉA, remontant à reculons pour gagner sa chambre, l'œil fixé sur la porte de gauche par où doit entrer Stéphan.

Non !... voici son pas !...

FRÉDÉRIC, achevant sa phrase.

... Comme les hommes ont vraiment besoin d'indulgence !...

ANDRÉA, fermant la porte sur lui.

Mais, va-t'en donc !... (Elle regagne sa chambre à reculons et y disparaît au moment même où Stéphan entre.)

SCÈNE II.

STÉPHAN, seul ; il entre brusquement.

J'y suis !... (Très-ému et très-anxieux, la main sur son cœur pour en comprimer les battements.) Maintenant !... Stéphan... prends à deux mains tout ton courage !... (Silence ; il essuie son front, puis, en homme qui ramasse toutes ses forces, il se dirige vers la chambre d'Andréa. Au moment même où il soulève la portière, on entend le piano jouer un petit air très-doux.) Au piano, seule ?... (Regardant et avec joie.) Elle est seule ! (Il regarde encore, fouillant du regard tous les coins de la chambre d'Andréa.) Oui, bien seule !... Et la chambre a son aspect accoutumé !... Et rien là-bas... rien ici ! (Il redescend et regarde tandis que le piano joue toujours.)... Rien ! rien qui révèle une autre présence que la sienne... — Quand je le disais à cet imbécile de Balthazar, qu'il avait mal vu !... — Non, pourtant, il

y a bien des pas devant la petite porte; et dans tous les
sens!... on serait donc venu!... Puis reparti... mais qui
donc?... Et d'ailleurs la clé?... Il n'y en a que deux... la
mienne... et celle de mon valet de chambre... (Vivement, avec
joie.) J'y suis! c'est Rodolphe qu'elle aura fait courir après
moi, pour s'assurer si ce bateau!... et afin de ne pas mettre
toute la maison dans la confidence!... Ah! c'est bien cela,
c'est clair à présent... (Tombant assis, et respirant.) Ah! quel
repos après tant de peur!... que c'est doux... mon Dieu! que
c'est donc bon! Ah! que c'est vraiment bon!... (Le piano continue à jouer très-doucement. Il regarde tout autour de lui, comme un homme
heureux de se trouver là, puis se lève.) Oui, mais à présent, il s'agit
d'expliquer mon retour!... Pourvu qu'elle n'ait aucune idée
de la Stella!... oh! non!... Ce serait trop injuste maintenant!... Elle est si loin, de toutes les façons!... et son image
pâlit, pâlit tellement à l'horizon!... Voilà une secousse pour
vous remettre un homme sur pied!... Rude, cette première
attaque de jalousie!... mais salutaire!... Quelle leçon!...
Tu t'en souviendras, Stéphan!... Oui, mais enfin, que vas-
tu dire?... Mon séjour dans cette maison, et mon évasion
par-dessus un mur!... Ce n'est pas là ce qui me fera pardonner le départ de tantôt!... Je ne mérite ma grâce que
si je reviens de moi-même, repentant!... Un mensonge,...
mais ma seule excuse!... D'ailleurs, le dernier!... (Se tournant
vers Andréa, et lui envoyant un baiser.) Oh! oui, mon Andréa,... le
dernier, je te le jure! (Il va pour entrer chez Andréa qui paraît sur le
seuil de sa chambre.)

SCÈNE III.

ANDRÉA, STÉPHAN.

ANDRÉA.

Qui donc est là?... C'est vous, Josépha?...

STÉPHAN, gaiement.

C'est moi!

ANDRÉA, feignant la surprise.

Vous?

STÉPHAN.

De retour!... Et avec une joie! (Il va pour la prendre dans ses bras, elle se dégage vivement.) Ma chère Andréa, je sais tout ce que tu vas me dire,... mais ne me tiens pas rigueur de ma faute, au moment où je la répare.

ANDRÉA, froidement.

C'est donc le repentir qui vous ramène?

STÉPHAN.

Dis le remords!

ANDRÉA, de même.

Est-ce vrai?

STÉPHAN, vivement.

Quand j'ai entendu sur ce bateau le signal du départ, la pensée que je te sacrifiais à une misérable question d'argent!... L'image que je me suis faite de ton chagrin!... Enfin!... j'ai crié subitement : « Non, je ne pars plus!...» Et je me suis sauvé... et me voilà!

ANDRÉA, de même.

C'est admirable!...

STÉPHAN.

Ah! que tu n'es pas généreuse!... ne pas me pardonner l'oubli d'un moment!...

ANDRÉA.

Laissons cela, je vous prie!... Il est tard, et vous devez être fatigué de tant d'émotions!...

STÉPHAN.

Mais, non!...

ANDRÉA.

Eh bien, moi, je le suis... nous causerons plus tard.

STÉPHAN.

Mais tout de suite!... (L'arrêtant.) Je t'en prie!... Je ne te quitterai pas de la sorte!... Tu es irritée, blessée.

ANDRÉA.

Mais non!...

STÉPHAN.

Oh! que si... Andréa, mon amour, rappelle-toi ce qui fut convenu aux premiers jours de notre bonheur... que s'il survenait jamais entre nous une cause de refroidissement ou d'aigreur, nous ne laisserions pas la nuit s'écouler, que la paix ne fût signée dans tes bras!...

ANDRÉA, se dégageant.

Nous n'avions pas prévu les scènes de nuit!...

STÉPHAN.

C'est tout un... je t'en prie!... voici bientôt le jour, c'est le moment du pardon. J'ai eu tort! J'ai mal agi, c'est vrai!... Mais, puisque je m'en accuse!... grâce!...

ANDRÉA, toujours prête à partir.

Eh bien, c'est convenu...

STÉPHAN.

Embrasse-moi, du moins!...

ANDRÉA.

Non!... je le ferais mal!

STÉPHAN, insistant.

Mal?...

ANDRÉA.

Mon Dieu!... je tombe de fatigue, laissez-moi donc!

STÉPHAN, qui commence à être inquiet, soupçonneux.

Je ne t'ai jamais vu si sévère!

ANDRÉA.

C'est que jamais vous ne m'en avez si bien donné le droit!... (Mouvement pour rentrer chez elle.)

STÉPHAN.

Non!... je ne te reconnais plus!... Toi, si bonne, si tendre!...

ANDRÉA.

Enfin!...

STÉPHAN.

Tu es préoccupée, distraite!... (Avec un soupçon qui va croissant.) Vos yeux ne quittent point cette chambre!...

ANDRÉA.

C'est que je n'ai pas d'autre idée que d'y rentrer. (Mouvement très-marqué pour s'éloigner.)

STÉPHAN, brusquement, l'arrêtant.

Pardon!... Que faisiez-vous donc ici, avant mon arrivée?...

ANDRÉA.

Je veillais, je suppose!

STÉPHAN.

Seule?

ANDRÉA.

A moins de prier ma femme de chambre de me tenir compagnie, en votre absence?

STÉPHAN.

Pourquoi votre main frémit-elle dans la mienne?

ANDRÉA, retirant sa main.

C'est qu'elle s'y trouve mal, apparemment.

STÉPHAN.

Quelqu'un est venu pourtant?

ANDRÉA, ironique et amère.

Ah!... qui donc?

STÉPHAN.

Je ne sais!... je vous le demande!

ANDRÉA, de même.

Ah! jaloux?... vraiment?... Je vous assure, monsieur, qu'il est bien tard pour s'amuser à de tels jeux.

STÉPHAN, qui a jeté un coup d'œil sur la table
avec une irritation croissante.

Ce n'est pas là répondre, quelqu'un est venu!... témoin ces deux tasses... encore tièdes, et qui ont servi l'une et l'autre!...

ANDRÉA, jouant avec son anxiété.

Par mégarde, sans doute...

STÉPHAN, prêt à éclater.

En vérité!... Et cette ombre d'homme qu'on a vue sur votre rideau!...

ANDRÉA, ironiquement.

Oh!...

STÉPHAN.

On l'a vue!... (Avec violence.) Andréa, un homme était ici avec vous, tout à l'heure!

ANDRÉA.

Eh bien, monsieur, il fallait y être vous-même... vous sauriez qui! (Mouvement.)

STÉPHAN, l'arrêtant violemment.

Vous êtes bien pressée d'y rentrer, dans cette chambre.

ANDRÉA.

Oui!

STÉPHAN.

Et de fermer cette porte, n'est-ce pas?

ANDRÉA.

Peut-être !

STÉPHAN.

Ah! malheur à vous, si quelqu'un est là ! (Il s'élance dans la chambre à coucher. Silence. Andréa ouvre froidement le secrétaire et en tire un objet qu'on ne voit pas, Stéphan reparaît.) Personne !... (Il reste sur le seuil de la porte, appuyé contre le montant, effaré.) Personne !...

ANDRÉA, froidement railleuse.

Eh bien?...

STÉPHAN, descendant et la regardant avec stupeur.

Et ce calme !... pourtant à cette fenêtre ?...

ANDRÉA, tranquillement.

Mon frère !...

STÉPHAN.

Frédéric?

ANDRÉA, de même.

Sonnez... Il n'a pas quitté l'hôtel !...

STÉPHAN.

Et vous prenez plaisir à me torturer, là...

ANDRÉA.

N'est-ce pas que cela fait mal?...

STÉPHAN.

Vous dites ?...

ANDRÉA.

Je dis... que je n'étais pas fâchée, monsieur, de vous faire souffrir pendant cinq minutes... le supplice que, grâce à vous, j'endure, moi, depuis des heures.

STÉPHAN.

Grâce à moi?...

ANDRÉA, jetant le bracelet de Stella, sur la table, devant lui.

Tiens!...

STÉPHAN.

Le bracelet?...

ANDRÉA.

Tu comprends, n'est-ce pas?

STÉPHAN, atterré.

Andréa?...

ANDRÉA.

Ah! vous cherchez là un amant qui n'y est pas!... Eh bien!... je vous cherche, moi, chez votre maîtresse... et je vous y trouve!...

STÉPHAN, s'oubliant.

Chez Stella?...

ANDRÉA.

Cri du cœur: oui, chez Stella!... oui, chez Stella!... oui, chez Stella!

STÉPHAN.

Vous êtes allée?...

ANDRÉA.

Oui... Dans sa loge, sous des habits d'emprunt!... Oui, moi, votre femme, j'ai fait cela!

STÉPHAN.

Oh!...

ANDRÉA.

Oh! oui, oh! je conçois que votre orgueil ne se glorifie pas de mon séjour en un tel lieu, mais que voulez-vous, monsieur, je ne choisis pas mes rivales!... Je prends ce qu'on me donne!...

STÉPHAN.

Et vous m'avez?...

ANDRÉA, l'interrompant.

Et je vous ai entendu frapper en suppliant à sa porte. (Mouvement de Stéphan.) Ah! ne niez pas! J'étais là!... Et je vous ai vu plus humble sous les rigueurs de cette fille!... que vous ne l'avez jamais été devant toutes mes tendresses.

STÉPHAN, vivement.

Ah! ses rigueurs, tu l'as dit!... Tu sais donc bien que je ne suis coupable qu'à demi!... et que jamais entre elle et moi!...

ANDRÉA.

Oh! cela ne suffit pas?

STÉPHAN.

Eh bien! oui, c'est encore trop!.. Mais tu me vois confondu... atterré... Je ne me défends plus... Par charité, Andréa, ne m'écrase pas d'humiliation et de honte.

ANDRÉA.

Mais cette honte, malheureux, que tu es..., mais j'ai voulu te l'épargner! mais songes-y donc! je me suis retrouvée en face de toi... Et je ne t'ai rien dit!

STÉPHAN, désespéré.

Mais il fallait me le dire... Mais j'étais fou... Et l'on a pitié des fous!... On les traite en enfants malades!... On les protége contre leur propre délire...

ANDRÉA.

Ah! c'est ma faute, n'est-ce pas?

STÉPHAN.

Oui, c'est ta faute!... Oui, il fallait me traiter comme un forcené que j'étais, et m'arrêter à tout prix!

ANDRÉA.

Malgré toi?

STÉPHAN.

Malgré moi!... oui, oui, et malgré moi me sauver de moi-même!...

ANDRÉA.

Eh bien, je l'ai fait!...

STÉPHAN.

Toi?

ANDRÉA.

Oui, moi!...

STÉPHAN.

Ces hommes dans la rue?... cette maison?... c'est?...

ANDRÉA.

C'est moi!...

STÉPHAN.

Ah!...

ANDRÉA.

Il le fallait bien!... Mais souviens-toi donc que je t'ai donné à choisir d'elle et de moi... et c'est vers elle...

STÉPHAN.

Non! non!

ANDRÉA.

Eh! bien!... Elle n'est pas partie ta Stella, apprends-le, si tu l'ignores.

STÉPHAN.

Ah! que m'importe...

ANDRÉA.

Cours, va,... je ne te dispute plus à son amour! Aussi bien, tu n'as plus le choix à présent... tu n'as plus qu'elle...

STÉPHAN, hors de lui.

Et tu crois que j'accepterai cette odieuse rupture?

ANDRÉA.

Ah! que vous l'acceptiez ou non!...

STÉPHAN, l'arrêtant vivement par le bras.

Oh! c'est trop!

ANDRÉA, souriant.

Ah! vous n'allez pas, je suppose, me réduire à sonner nos gens.

STÉPHAN; il lâche sa main; silence.

Vous avez raison! J'ai mérité ce qui m'arrive et je l'accepte. (Mouvement d'Andréa pour sortir.) Mais ne soyez pas implacable! Andréa, ma chère Andréa, il m'a fallu, — rappelez-vous, — toute une longue année pour vous décider à devenir ma femme! Ne me laisserez-vous pas mériter votre pardon, comme j'avais su mériter votre amour?

ANDRÉA.

Eh bien, soit, monsieur, je ne vous défends pas de le mériter de nouveau.

STÉPHAN, avec joie.

Ah! alors...

ANDRÉA, froidement.

Alors, c'est à recommencer, voilà tout.

STÉPHAN, avec amour.

Et quand je t'aurai bien prouvé que mon cœur est à toi, à toi seule,... à toi sans réserve?...

ANDRÉA.

Alors nous verrons!... dans deux ou trois ans.

STÉPHAN.

Trois ans!

ANDRÉA, gagnant sa chambre.

En attendant...

STÉPHAN, effrayé.

Andréa!

ANDRÉA, fermant la porte.

Au revoir!

9.

SCÈNE IV.

STÉPHAN, seul, moment de silence où il regarde rristement la porte close.

Je l'ai voulu!... allons!... (Soupirant et prenant son bougeoir.) Mari célibataire... c'est à recommencer... Recommence!... et va chez toi rêver tristement tes secondes noces!... (Il fait un pas vers la porte, puis s'arrête.) Ah! qu'elle a raison!... Il faut perdre son bien pour le connaître!... Il y a deux ans... jour pour jour, nous sortions de l'église, où l'on nous avait mariés aux lumières!... Triomphant mari, je la fis entrer ici, par cette même porte... Et je sentais sur mon bras sa petite main crispée... et son cœur qui battait, qui battait!... Un peu plus tard, je méritai sans doute d'être repoussé avec colère, avec larmes!.. et la voyant si craintive, si malheureuse... je me résignai... et bien humble! bien confus!... je vins tristement m'étendre dans ce fauteuil, celui-là... le même!... (Il s'assied, et s'étend dans le fauteuil, devant le feu.) La neige tombait... comme à présent... et le froid me gagnait lentement!... De son lit... (car elle ne dormait pas plus que moi)... par la porte (Soupirant.) qui n'était pas fermée cette nuit-là!... elle voyait le feu mourir peu à peu... comme celui-ci... Si bien qu'il s'éteignit tout à fait... sans que j'y prisse garde... et alors, après un petit essai de toux bien timide!... j'entendis une petite voix plus timide encore!... « Stéphan... Est-ce que ce feu là-bas, dans le salon, n'est pas mort? — Si! — Rallumez-le, mon ami!... — Mais c'est que je n'ai pas d'allumettes!... — Il y en a ici près de moi! » Je me levai, et j'allai tout doucement les prendre!... et comme je ne les trouvais pas, elle étendit le bras pour me les donner... et sa main frôla la mienne... toute glacée!... « Ah! dit-elle... mais si bas que sa voix ressemblait à un soupir... comme vous avez froid!...» (Se levant.) Et l'on oublie ces souvenirs-là...

On les remplace par d'autres... stupides et odieux! —
Ah! triple niais... va... Ah! tu as une telle femme à toi...
et tu cours après les drôlesses!... Eh bien, reste là, idiot,
reste là comme un chien fidèle, devant cette porte, jusqu'à ce qu'elle s'ouvre devant toi!... (Il grelotte.) et grelotte
ici pendant trois ans!... toutes les nuits... Trois ans!...
mille quatre-vingt-quinze nuits! (On entend dans la rue une musique lointaine qui peu à peu se rapproche.)

SCÈNE V.

STÉPHAN, ANDRÉA.

STÉPHAN, sur son fauteuil.

Qu'est-ce que cela? (Andréa ouvre doucement la porte de sa chambre,
et après avoir écouté se tourne dans la direction de la chambre de Stéphan,
sans l'apercevoir tout d'abord.) Les chœurs de l'Opéra!... (Andréa
l'aperçoit et, réprimant un mouvement de surprise, s'arrête sans être vue. On
entend chanter dehors en chœur. Viva! viva la Stella!) C'est la Stella que
l'on ramène chez elle!... (Il se lève vivement. Moment de silence.
Anxiété d'Andréa. La musique s'est rapprochée, elle est maintenant sous la
fenêtre. Stéphan fait un pas, comme pour aller de ce côté. Andréa fait le même
mouvement en arrière pour rentrer chez elle.)

STÉPHAN, dans la direction de la fenêtre.

Oui, oui!... Poursuis ta route, fatale étoile... et que je
ne te voie plus jamais... étoile de malheur... jamais plus!...
(Mouvement de joie d'Andréa. La musique s'éloigne peu à peu comme elle est
venue, et en mourant jusqu'à la fin de la scène.) Et voilà une femme
avec qui j'ai voulu fuir!... Je ne prends même pas la peine
de la voir passer... Cela s'appelle une passion! (Retombant
assis.) Et c'est à ça qu'on sacrifie son bonheur!...

ANDRÉA, derrière lui, prenant son front à deux mains

Ah! que vous avez froid!

STÉPHAN, saisi.

Andréa!

ANDRÉA.

Viens donc!

FIN.

PARIS. — J. CLAYE, IMPRIMEUR, 7, RUE SAINT-BENOIT. — [1128]

www.ingramcontent.com/pod-product-compliance
Lightning Source LLC
Chambersburg PA
CBHW072039090426
42733CB00032B/2015